Sous la direction de Françoise Samson

MA YAN ET SES SŒURS

DU MÊME AUTEUR

L'Afrique blanche, histoire et enjeux de l'apartheid, Le Seuil, coll. « L'Histoire immédiate », 1987.

Israël, Milan, coll. « Les Essentiels », 1997.

Ben Gourion, Autrement, coll. « Naissance d'un destin », 1998.

Le Journal de Ma Yan, présentation de Pierre Haski, Ramsay, 2002.

Pierre Haski

MA YAN ET SES SŒURS

La vie des filles en Chine

Éditions Ramsay

Préface

Presque chaque matin, le facteur glisse entre les pans de la lourde porte rouge de notre bureau, au cœur du vieux Pékin, une ou deux lettres facilement identifiables. L'écriture est appliquée, et les enveloppes portent toutes l'inscription « région autonome Hui [1] du Ningxia, district de Tongxin », et sont généralement agrémentées de la photo d'une mosquée à l'architecture typiquement chinoise.

Ces lettres proviennent pour la plupart d'enfants, parfois d'adultes, de cette région du Nord-Ouest de la Chine, assurément l'une des plus pauvres du pays. Ils nous demandent de les aider à réaliser leur rêve : bénéficier d'une éducation scolaire, devenue inaccessible pour beaucoup d'entre eux. La soif d'éducation de ces enfants se heurte au manque d'argent des familles dans ce pays officiellement communiste où l'école n'est pas encore

1. Les Hui, avec environ neuf millions de membres, constituent la principale minorité nationale musulmane de Chine. Ils sont répartis dans plusieurs provinces, mais le Ningxia est la seule « région autonome » qui leur soit attribuée, même s'ils y sont minoritaires par rapport aux Han, l'ethnie dominante en Chine.

gratuite. Car leurs parents sont des paysans confrontés à un climat et une géographie impitoyables – enclavement, sécheresse chronique, érosion des sols –, et surtout, ils sont oubliés de tous, des politiques comme des autres citoyens.

En termes maladroits et touchants, ces enfants nous racontent leur vie. Il est apparemment plus facile de se confier aux étrangers que nous sommes qu'à leur entourage ou aux autorités. Au fil des lignes, apparaît un monde fait de profondes souffrances, de tragédies collectives ou personnelles, un univers plongé dans le dénuement complet, aux antipodes de cette Chine optimiste et conquérante que rien ne semble devoir arrêter.

En mai 2001, mon irruption dans ce coin de la Chine profonde avait été accidentelle : correspondant permanent du quotidien français *Libération* à Pékin, j'étais parti à la découverte de cette région défavorisée de confession musulmane en compagnie d'un photographe qui en était originaire.

La rencontre avec le Journal de Ma Yan s'est produite dans le village de Zhang Jia Shu, située au bout d'une longue piste, dans les montagnes arides (*voir encadré « Retour sur une rencontre à Zhang Jia Shu*, p. 15). Trois petits carnets bruns qui feront le tour du monde.

La publication du cri du cœur de Ma Yan, d'abord dans *Libération*[1], puis la sortie en France

1. *Libération* du 11 janvier 2002.

de son journal intime sous la forme d'un livre[1], changeront à jamais la vie de Ma Yan et de sa famille. Sa simplicité, ses souffrances et surtout son acharnement à vouloir étudier ont ému tous ses lecteurs : selon la sinologue Marie Holzman, *Le Journal de Ma Yan* n'est ni plus ni moins que « le Journal d'Anne Frank de la Chine[2] ». Toutes proportions gardées, naturellement, et avec un épilogue plus heureux.

C'est un incroyable mouvement de solidarité qui s'est aussitôt formé, une réaction spontanée, sans Téléthon ni publication d'appels avec numéro de CCP, juste un élan du cœur de lecteurs, émus par des mots simples, d'abord une vingtaine, puis des dizaines d'autres, qui se sont manifestés pour « faire quelque chose ». Le geste fondateur de la mère de Ma Yan, ainsi que le succès public du *Journal*, nous ont durablement associés à cette région chinoise.

Dix-huit mois plus tard, grâce aux dons et à l'action de l'Association française des Enfants du Ningxia[3], quelque deux cent cinquante jeunes, principalement des filles, peuvent accéder à l'école, cet « océan des connaissances », selon l'expression employée par Ma Yan. Une goutte d'eau dans l'océan, mais un juste partage de la réussite du

1. *Le Journal de Ma Yan*, éd. Ramsay, Paris, 2002.

2. In *Politique internationale*, nº 100, été 2003.

3. L'association a été fondée pendant l'été 2002 (voir le chapitre VI). Enfants du Ningxia, 45 rue Notre-Dame de Nazareth, 75003 Paris. e-mail : enfantsduningxia@yahoo.fr. Site internet : www.enfantsduningxia.org

Journal de Ma Yan avec les habitants de Zhang Jia Shu. Une chance dans la vie de ces jeunes.

Mais d'autres écolières subissent encore le sort, que connaissait Ma Yan avant notre rencontre. Parmi ces adolescentes dont la vie se heurte prématurément à un mur, se trouve Ma Shiping, la cousine de Ma Yan. Les deux jeunes filles ont le même âge, sont issues de la même famille, du même village, fréquentaient la même école et partageaient les bons et les mauvais moments. Leurs destins sont aujourd'hui totalement divergents. L'une a l'avenir ouvert et rayonne d'optimisme, tandis que l'autre voit son horizon bouché et reproduit, à quinze ans, la vie ingrate de la génération précédente. Le « miracle » de Ma Yan ne rend que plus insupportable le sort de Ma Shiping. C'est à elle que nous voulons dédier ce livre.

Ma Shiping et ces autres jeunes filles, que Ma Yan appelle ses « sœurs » pour bien montrer qu'elle ne tourne pas le dos à celles qui n'ont pas eu sa chance, nous adressent une multitude de lettres. Nous en avons retenu quelques-unes qui constituent une vue en coupe de cette Chine oubliée. Nous avons rendu visite à nos jeunes correspondantes et découvert que la réalité qu'elles décrivaient est parfaitement exacte, voire en deçà de la réalité. De ces rencontres, nous avons tiré ce livre, qui est la suite du *Journal de Ma Yan*.

Nous avons tenté de placer le destin de ces enfants du Ningxia dans la perspective d'une Chine qui donne au monde le spectacle d'une formidable transformation, car au début du XXIe siècle, la réalité de ce géant ne se résume évidemment pas à ces jeunes filles qui doivent se battre pour aller à l'école ou qu'on marie de force à quinze ans. Ce pays fait également preuve d'une étonnante modernité et d'un dynamisme tous azimuts qui impressionnent le reste de la planète.

L'inverse est tout aussi vrai. La réalité chinoise ne se limite pas aux 9,1 % de croissance annoncés pour 2003, aux dix millions de nouveaux riches qui consomment et voyagent sans limites, aux grandes villes qui font peau neuve et s'embourgeoisent… Les Chinois, cependant, avec la ferveur des nouveaux convertis à l'économie de marché et à la mondialisation la plus implacable, n'ont pas toujours conscience de l'envers du décor.

La seule note d'espoir est la capacité de la Chine actuelle à débattre aujourd'hui de ce sujet, comme nous l'avons constaté lors de la sortie de l'édtion chinoise du *Journal de Ma Yan*, à l'automne 2003. La Chine doit entendre la voix de Ma Yan et de ses « sœurs ».

Un dernier mot. Pour le journaliste que je suis depuis trois décennies, qui a longtemps travaillé en Afrique et au Moyen-Orient, avant de débarquer à Pékin en l'an 2000, il n'a jamais été question de se « lancer dans l'humanitaire », encore moins d'organiser le « parrainage » d'enfants chinois. Ce n'était en tout cas pas l'objet de ce premier voyage au Ningxia, ni même celui du suivant, lorsque je suis parti à la rencontre de l'auteur des carnets. Il s'agissait avant tout d'écrire un reportage fort sur une histoire exceptionnelle. La suite relève d'un engrenage positif qui a aussi changé ma vie.

Il n'est pas habituel au journaliste de parler à la première personne. Sauf, et c'est donc le cas ici, quand le « témoin » passe de l'autre côté du miroir et devient « acteur ». Le « je » apparaît donc dans ce récit quand il est question d'actes ou de prises de positions personnels. Mais comme on ne fait jamais rien seul, le « nous » sera privilégié : il désigne He Yanping, assistante chinoise du bureau de *Libération* à Pékin, qui s'est engagée avec conviction et générosité dans cette aventure, et celles – car il n'y a que des femmes –, qui, en France, consacrent également une partie de leur temps à « gérer » notre petite ONG qui n'a ni permanents ni bureaux. Sans elles, rien n'aurait été possible.

Le « nous » associe enfin les lecteurs qui, dès le début, ont voulu « faire quelque chose », et ceux qui, par la suite, ont alimenté en fonds et en encouragements notre machine lancée dans l'inconnu. Qu'ils soient ici tous remerciés d'avoir agi et de m'avoir poussé à agir : leur conviction et leur enthousiasme l'ont emporté sur mes dernières réticences à devenir « acteur ».

Il va de soi, malgré ce qui précède, que ce livre – et les points de vue qu'il exprime – n'engagent que moi, même si une partie des droits d'auteur seront versés aux Enfants du Ningxia.

Mais les véritables « héros » de cette histoire sont et restent ces jeunes du Ningxia, qui donnent au monde, et au reste de la Chine, une formidable leçon de courage et de détermination. Et, parmi eux, les filles doublement méritantes : elles défient le poids des traditions qui privilégient les garçons. Dans nos sociétés occidentales, ce message-là frappe encore par sa modernité. Tous veulent aujourd'hui leur part, car ils souffrent d'être exclus d'un pays qu'ils voient se développer à grande vitesse. Ils veulent aujourd'hui bénéficier de cette croissance.

PIERRE HASKI.

Retour sur une rencontre décisive

Mai 2001. Les hasards d'un reportage nous conduisent dans le petit village de Zhang Jia Shu, perdu dans les montagnes arides et difficiles d'accès du sud du Ningxia. C'est la province la plus pauvre de Chine, l'envers du décor de modernité et de croissance que nous avons laissé derrière nous à Pékin.

Nous nous apprêtons à quitter le village, quand une paysanne nous aperçoit de sa maison. Nous sommes les premiers étrangers qu'elle rencontre. En fait, personne dans le village ne se rappelle avoir vu un journaliste depuis... Edgar Snow, le reporter américain qui y a résidé avec Mao Zedong pendant la Longue Marche, dans les années 1930. Cette femme ne nous connaît pas, mais, dans son désespoir, tente le tout pour le tout : elle remet à Sarah Neiger, une amie française membre de notre équipée, trois petits carnets bruns et une lettre de la main de sa fille, en insistant comme si sa vie en dépendait.

Nous repartons sans comprendre.

Lorsque nous revenons un mois plus tard, émus et intrigués par ce journal intime qui nous est apparu par bribes au fil des traductions, le « conte de fées » est né sans que nous en prenions immédiatement conscience. Ce texte sera d'abord publié dans *Libération*, puis intégralement sous la forme d'un livre[1] qui fera le tour du monde et sera classé dans la liste des

1. *Le Journal de Ma Yan*, Ramsay, 2002.

best-sellers, avant de revenir en Chine. Un parcours miraculeux pour les modestes écrits d'une petite paysanne chinoise qui auraient dû rester anonymes.

Ma Yan n'avait que quatorze ans au début de cette aventure. Sa mère, Bai Juhua, venait de l'informer qu'elle n'irait plus à l'école en raison des difficultés financières de la famille, confrontée aux conséquences de la sécheresse. Il manque soixante-dix yuans pour payer les frais d'inscription : une fortune dans ce monde rural défavorisé, une somme dérisoire dans les villes prospères de la côte. Ma Yan écrit alors à sa mère une lettre qui résonne comme un manifeste. Elle est intitulée « Je veux étudier », et révèle une soif insatiable d'éducation, un profond sentiment d'injustice aussi, face au sort différent qui est réservé aux filles : ses deux petits frères, eux, continueront d'aller à l'école.

C'est cette lettre que nous remet Bai Juhua, une femme illettrée et courageuse, qui mesure bien l'importance du sacrifice qu'elle impose à sa fille. En découvrant ce groupe d'étrangers dans son village, elle a une incroyable intuition : elle se dit que s'il y a une chance de « sauver » Ma Yan, c'est celle-ci. Pour que nous comprenions mieux la situation, elle joint à la lettre les petits carnets bruns que Ma Yan noircit jour après jour. Cette paysanne qui ne sait pas lire ignore toutefois ce qu'ils contiennent réellement : le journal intime de sa fille.

Dès notre première lecture, le journal nous apparaît comme un document exceptionnel : une plongée dans ce *no man's land* chinois, minutieusement décrit par une adolescente hors du commun. On y découvre ses souffrances mais aussi ses espoirs, les sacrifices de ses parents, la vie quotidienne d'une famille de paysans pauvres, les liens forts unissant cette mère et cette fille qui doivent affronter les difficultés de la vie… On perçoit également la maturation d'une jeune fille qui prend possession, au fil des pages, de l'écriture et de ses propres sentiments. Ses premières rédactions sont sobres et factuelles, les dernières sont de plus en plus longues, plus personnelles et plus écrites. La simplicité, le courage et l'extraordinaire dignité de son auteur ne pouvaient que nous émouvoir.

C'est le début d'une grande aventure qui sortira Ma Yan et sa famille de la misère, permettra à des dizaines d'autres enfants de retrouver le chemin de l'école.

Extraits du Journal de Ma Yan

Vendredi 15 septembre. Il fait beau.

À onze heures, nous quittons l'école pour rentrer à la maison. Nous sommes sept garçons et filles. Ma Yuehua et Ma Jun ont pris un véhicule. Nous, les cinq autres, ne pouvons que rentrer à pied. Sur la route, j'ai très peur, parce que les ravins sont profonds, les montagnes sont escarpées. Parfois des voleurs demandent de l'argent.

Vendredi 10 novembre.

Je vois les cheveux tout blancs de ma grand-mère : elle a presque quatre-vingts ans, mais travaille encore pour la famille du cinquième oncle. Mon grand-père aura quatre-vingt-un ans, et travaille aussi pour le cinquième oncle. Mais normalement, des personnes âgées qui ont des connaissances ne font sûrement pas ce genre de travail. Quand on est vieux, c'est le moment de profiter de la vie. Nulle part ailleurs, on ne voit des personnes âgées servir des jeunes. Je pense qu'il est indispensable aujourd'hui d'étudier pour ne jamais ressembler à mes grands-parents qui travaillent jusqu'à leur plus vieil âge. Ils ne profitent jamais du bonheur.

Dimanche 15 juillet. Il fait beau.

Cet après-midi, à quatre heures, après notre sieste, ma mère va préparer le repas. Je l'aide à faire du feu. Après avoir mangé, toute la famille repart sur le plateau pour couper du blé. Peu de temps après, ma mère va attacher le blé coupé. Elle s'arrête, et dit que sa maladie semble recommencer. Elle est assise sur le blé, nous continuons à couper. Je vois les larmes et la sueur de la douleur sur le visage de ma mère, ses yeux sont rougis, ses mains pressent son ventre. Mon père lui dit de rentrer. Elle répond qu'elle repartira avec nous. Je baisse la tête et réfléchis : ma mère vient couper le blé alors qu'elle est si gravement malade : pourquoi ? C'est bien sûr pour nous. Pour que nous ne menions pas une vie aussi difficile qu'elle, que nous ayons une vie heureuse. Mais qu'est-ce que j'ai fait ? Je ne peux même pas lui rapporter un honneur.

Lundi 30 juillet. Il fait beau.

Cet après-midi, lorsque je veux écrire mon journal, je ne trouve plus mon stylo. (...) Mon cœur est brisé. Vous allez peut-être rire : « Quelle importance ? Un stylo ! Comment peut-il te rendre si triste ? » Vous ne savez pas tout le mal que j'ai eu pour avoir ce stylo. Je n'ai pas dépensé mon argent de poche pendant deux semestres. Certains de mes camarades avaient deux ou trois stylos, mais moi je n'en avais aucun, je n'ai pas résisté à l'envie d'en acheter un.

Les difficultés pour avoir ce stylo sont à l'image de toutes nos difficultés. Ma mère m'avait donné de l'argent, pour que je puisse acheter du pain. Depuis des jours, je n'avais que deux repas de riz jaune. J'ai préféré avoir faim pour économiser, et j'ai pu acheter ce stylo. Pour ce stylo, combien j'ai souffert. (...)

Mais ce stylo-là m'a donné un sentiment de force, il m'a fait comprendre ce qu'est une vie difficile ou une vie heureuse. Chaque fois que je le vois, c'est comme si je voyais ma mère. C'est comme si elle m'encourageait à bien étudier pour entrer au collège des filles. Mais j'ai déçu ma mère, je suis inutile. Je mène à l'école une vie qui ne mérite pas d'être vécue. Je n'ai même pas réussi à entrer dans le collège des filles. À quoi ça sert de vivre ? Mais j'ai confiance. Je dois absolument réussir, je trouverai un travail idéal, et j'en serai satisfaite.

Jeudi 9 août. Il fait beau.

Pourquoi est-ce que nous vivons ? Les gens riches meurent après avoir connu tous les plaisirs. C'est une mort heureuse. Les gens qui n'ont pas d'argent vivent avec des larmes dans les yeux. S'ils meurent, c'est une mort douloureuse. Voilà la vérité.

Samedi 11 août. Il fait beau.

Je meurs de peur. Je ne sais pas pourquoi maman a tant de maladies bizarres ces dernières années. Quand elle a une crise aiguë, toute la famille est aux abois. Le plus grave, c'est que, quand elle est malade, la sueur coule comme de l'eau sur son visage. Comment peut-elle résister ? À sa place, je serais morte de douleur. Je souhaite sincèrement qu'elle se rétablisse au plus vite.

Dimanche 12 août. Il fait beau.

Demain, je dois partir au loin pour ramasser le fa cai. Je reprends le chemin qu'a emprunté si souvent ma mère. Maintenant qu'elle est malade, je dois partir avec mon père et mon frère pour cueillir le fa cai afin que nous puissions vivre. Et soigner ma mère. Et puis, je veux gagner un peu plus d'argent pour réaliser mon rêve : aller continuer mes études au district. Mais depuis que maman est malade, notre vie est si difficile ! Je ne comprends vraiment pas pourquoi le Ciel me traite de cette manière, pourquoi il est si injuste avec moi.

Mercredi 12 septembre. Il fait beau.

Du fond de mon cœur, je dois le proclamer : maman porte une immense attention à ses enfants. Pour ses enfants, elle peut tout accomplir. Ici, je dois l'écrire : « Maman, tu es grande. Je t'aime, j'aime de tout mon cœur. Tu es si forte, si pure. Tu es un exemple pour ta fille. Tu es toujours une grande femme dans le cœur de ta fille. »

Jeudi 20 septembre. Il fait sombre.

Mon petit frère Ma Yichao arrive. Il me demande : « Sœur, as-tu encore des tickets de cantine ? Je veux acheter du riz. » J'emprunte un ticket et le lui donne. Il me demande alors si j'ai mangé. « Oui, bien sûr... » Mais il devine que ce n'est pas vrai : « Tu n'as pas mangé. Parce que tes lèvres sont sèches. Les lèvres des gens qui ont mangé sont humides. »

Peu de temps après, il revient, me rend le ticket en disant qu'il n'y a plus de riz. Il repart. Comment l'aider ? Je n'ai pas d'argent, pas de pain, je ne sais pas quoi faire... Pourtant je suis sa sœur aînée, et si je ne suis même pas un peu responsable, qu'est-ce que je suis ? En pleurant, je pense que ce n'est pas entièrement ma faute, parce que la situation économique de ma famille est si difficile...

Il n'est pas possible de décrire le sentiment d'avoir FAIM.

Mardi 30 octobre. Il fait sombre.

Connaissez-vous la faim ? C'est une douleur

insupportable. Je me demande quand je cesserai de subir la faim à l'école...

Samedi 3 novembre. Il fait sombre.

J'entends la voix du professeur : « Ma Yan a eu cent quatorze points pour les mathématiques, elle est la première des six classes. Elle a quatre-vingt-dix points en chinois... Le résultat de l'anglais n'est pas encore arrivé. » Je suis au comble de la joie, tellement que j'en pleure. Je ne sais pas d'où peuvent venir tant de larmes. Les yeux brouillés, je ressors. Je suis trop émue, je ne peux pas décrire ce que je ressens en un seul mot. Jamais je n'ai connu de moment aussi émouvant dans ma vie, jamais je ne l'oublierai.

Mercredi 7 novembre. Il fait beau.

Qu'est-ce que j'ai faim ! Je mangerais n'importe quoi. Quand je parle de la faim, je pense automatiquement à ma mère. Je ne sais pas si elle est bien rentrée. Moi, je me contente d'étudier tous les jours à l'école – et d'avoir faim. Maman, elle, court tous les jours dans la montagne. Et je ne sais même pas ce qui se passe pour elle. En plus, elle est malade. Ça fait trois semaines que je ne l'ai pas vue. Comme je pense à elle !

J'ai faim, terriblement faim. Depuis mardi, il n'y plus de pain, ni de légumes.

Lundi 12 novembre. Il fait beau.

Si un jour je réussis dans la vie, ce succès sera celui

de maman. Je me souviendrai toujours d'elle. Pourquoi ai-je en moi tant de douleur, pourquoi mes larmes ne tarissent-elles jamais ? Pourquoi moi, une adolescente, suis-je tenue de verser tant de larmes ? Dites-moi pourquoi ? Réussirai-je seulement quand mes larmes seront épuisées ? Et, si elles ne sont pas épuisées, est-ce le signe que je ne réussirai pas ? Je dois continuer à avancer sur ce chemin difficile.

Mardi 13 novembre. Il fait beau.

Je ne sais pas où maman a passé la nuit dernière, si elle était couchée sur le sol humide ou sur un promontoir de pierre au bord d'une route ? Je ne suis sûre que d'une chose : elle n'a pas dû bien dormir cette nuit. C'est déjà l'hiver, il fait très froid, surtout au milieu de la nuit. La température tombe alors bien en-dessous de zéro. En plus, maman a de fortes douleurs à l'estomac. Je sais à quel point il est difficile de ramasser le fa cai. J'y suis allée une fois avec mon père. (...) Pour sa famille, pour notre avenir, maman est partie gagner de l'argent envers et contre tout. Elle se donne tant de peine... Elle vit trop douloureusement, elle est trop fatiguée. Je dois absolument bien étudier, pour réussir plus tard, afin que maman mène une vie heureuse, qu'elle ne connaisse plus cette douleur et cette fatigue. J'espère que mon souhait se réalisera vite, que maman vivra bientôt une vie heureuse.

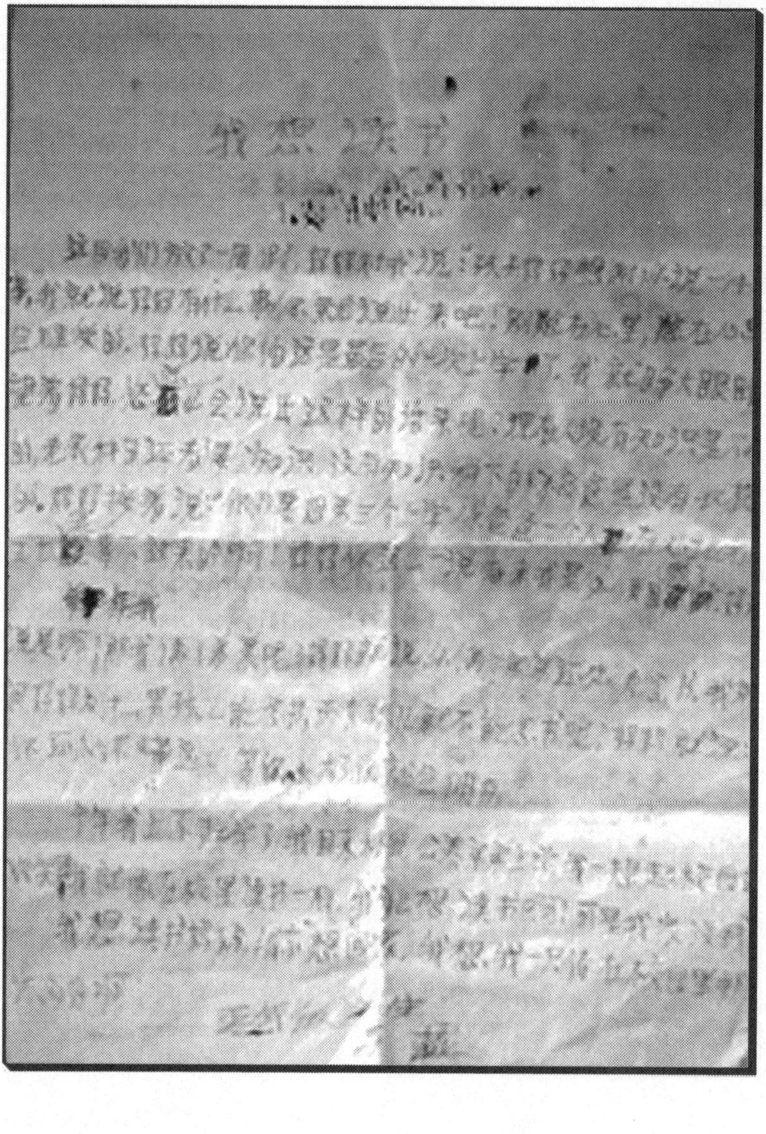

I

Ma Yan,
ou le conte de fées d'une petite Chinoise

Nous avons une semaine de vacances. Maman me prend à part : « Mon enfant, j'ai une chose à te dire. » Je lui réponds : « Maman, si tu as quelque chose à dire, vas-y ! Si tu le gardes dans ton cœur, tu seras mal. » Mais ses premiers mots m'anéantissent : « Je crains que ce soit la dernière fois que tu ailles à l'école. » J'ouvre de grands yeux, et lui rétorque : « Comment peux-tu dire une chose pareille ? Aujourd'hui, on ne peut pas vivre sans étudier. Même un paysan a besoin de connaissances pour cultiver sa terre, sinon il n'obtient pas de récoltes. »

Maman continue : « Tes frères et toi, vous êtes trois à aller à l'école. Seul votre père travaille loin. Ça ne suffit pas pour vous prendre en charge. » Je lui demande : « Cela signifie que je dois rentrer à la maison ? » Maman me répond « oui ». « Et mes deux frères ? » « Tes deux frères doivent continuer leurs études. » Je m'insurge : « Pourquoi les garçons peuvent étudier et pas les filles ? » « Tu es encore petite, tu ne comprends pas. Quand tu seras grande, tu comprendras. »

Cette année, je n'ai plus d'argent pour aller à l'école. Je rentre et je cultive la terre pour subvenir aux études de mes jeunes frères. Quand je repense aux rires de l'école, je me sens comme si j'y étais encore. Comme je désire étudier ! Mais ma famille n'a pas d'argent.

Je veux étudier, Maman, je ne veux pas rentrer à la maison. Comme ce serait magnifique si je pouvais rester éternellement à l'école.

MA YAN,
2 mai 2001.

« C'est comme si j'avais fait un rêve… »

Décembre 2003. Rien ne semble avoir changé à Zhang Jia Shu. La piste qui y conduit, celle qu'empruntait Ma Yan pour rentrer à pied chez elle les week-ends, est toujours aussi défoncée et inquiétante. La terre ocre souffre toujours autant du manque d'eau et les paysans s'épuisent à planter sans grand espoir de récolte.

Rien ne semble avoir changé, jusqu'à ce que surgisse Bai Juhua[1], la mère de Ma Yan, au guidon

1. En Chine, les femmes mariées gardent leur nom de jeune fille.

d'une petite moto flambant neuve. Dans cette région misérable du Nord-Ouest chinois, la moto est le moyen de transport le plus adapté au mauvais état des « routes », mais elle est aussi le symbole d'une élévation sociale. Signe indiscutable que la famille de Ma Yan est sortie de la pauvreté absolue décrite par la jeune fille dans son journal, et qu'elle jouit d'un niveau de vie bien meilleur.

La petite maison familiale porte également les traces de ce bouleversement. Les Ma, dont l'existence, jusque-là, n'a été que dur labeur et longue série de privations, ont ainsi équipé leur foyer d'une télé couleur et d'un lecteur de VCD[1] ! On découvre encore un poêle à charbon tout neuf, un téléphone – l'un des deux ou trois du village. Enfin, un coup de peinture fraîche transforme l'atmosphère de cette demeure modeste – on reste aux antipodes du luxe tapageur des nouveaux riches de Pékin ou Shanghaï ! Grâce aux droits d'auteur qu'elle a commencé à toucher, la famille a également acheté quelques mus[2] de terre supplémentaires, des moutons, un âne…

« C'est comme si j'avais fait un rêve », déclare le père de Ma Yan, qui n'en revient toujours pas, lui qui déchirait les pages des carnets de Ma Yan pour rouler ses cigarettes ! Bai Juhua, sous sa coiffe blanche des musulmans chinois, le reconnaît volontiers : « Désormais, la vie est bonne, je n'ai plus de soucis, plus de lourdes charges. Mes enfants vont à

1. Une version moins sophistiquée du DVD.
2. 1 mu = 0,067 hectare, 15 mu = 1 hectare.

l'école et d'autres enfants aussi, j'en suis très contente. »

Ma Yan, qui souhaitait à chaque page de son journal offrir à ses parents une meilleure vie pour les remercier de leurs sacrifices, a d'ores et déjà gagné son pari.

Elle aussi a vu sa vie changer radicalement. Elle qui écrivait dans son journal le caractère « faim » deux fois plus gros que les autres, qui allait en classe le ventre vide et douloureux, mange aujourd'hui à satiété, et même un peu plus, à en juger par ses bonnes joues. C'est d'ailleurs la première amélioration qu'elle cite quand on lui pose la question…

La jeune fille, que nous avions connue toujours vêtue de la même tenue – une chemise blanche au grand col de dentelle et un pantalon rouge –, achetée au prix de grands sacrifices par sa mère, peut désormais s'habiller plus dignement, plus chaudement, et porter de bonnes chaussures. Chaque fin de semaine, elle emprunte le tracteur à un yuan pour rentrer chez elle, alors qu'elle devait faire autrefois cinq heures de marche.

Enfin, elle croule sous les stylos : le passage où elle racontait qu'elle s'était privée de nourriture plusieurs jours de suite pour s'en acheter un a tellement impressionné les lecteurs que beaucoup lui en envoient en cadeau.

Mais les changements ne sont pas simplement matériels. Deux ans après notre première rencontre avec cette jeune fille désespérée, qui voyait les portes de l'école se refermer devant elle en raison des difficultés financières de sa famille, Ma Yan est assurément devenue une « star ». En France, son *Journal* a figuré sur la liste des meilleures ventes en librairie, les lecteurs de *L'Actu*, un quotidien pour jeunes, l'ont élue « ado de l'année 2002 », ceux du magazine *Okapi* lui ont adressé des centaines de lettres. Et il en arrive toujours, plus d'un an après la parution d'une première page consacrée à « La révolte d'une ado chinoise ».

Ma Yan, la petite paysanne, qui n'a commencé sa scolarité qu'à huit ans après avoir gardé les animaux et aidé aux tâches ménagères, prend désormais l'avion pour participer à des émissions de télévision, rencontrer des journalistes, signer des autographes. Quand elle débarque à Pékin, elle me téléphone d'une voix assurée : « Hello uncle[1] ! How are you », toute fière de tester son anglais fraîchement appris à l'école.

Quel chemin parcouru en à peine plus de deux ans ! Oubliée la jeune fille timide, à l'avenir incertain, rencontrée pour la première fois en juin 2001. Bonjour la « nouvelle Ma Yan », confiante et optimiste.

1. L'appellation « oncle » est fréquemment utilisée par les jeunes Chinois pour s'adresser à quelqu'un d'étranger mais proche de la famille. C'est ainsi que la plupart des boursiers de l'Association s'adressent à nous : « Shu Shu » (oncle) ou « Ayi » (tante). Ils utilisent aussi le nom chinois que, selon la coutume, j'ai adopté à mon arrivée : Han Shi, plus facile à retenir que le mien à consonance étrangère.

Il faut pouvoir assumer un tel bouleversement. Pas facile, pour une adolescente que rien n'a préparé à un tel destin, de se retrouver sur la couverture d'un livre traduit en plusieurs langues ou dans les pages des magazines, d'être célèbre et admirée, et, de surcroît, relativement riche dans un environnement qui demeure misérable. Difficile de garder la tête froide. Nous redoutions qu'elle ne se la « joue star », qu'elle ne devienne arrogante et prétentieuse. Dans un échange d'e-mails avec Michèle Fitoussi[1], en mars 2002, je lui confiais : « Nous avons déclenché une machine infernale, extrêmement positive jusqu'ici, non seulement pour Ma Yan mais aussi pour beaucoup d'autres enfants, et plus dans l'avenir, si cette première phase marche bien. Mais il ne sera pas simple de gérer le "succès" de cette opération, de veiller à ce que cet argent et cette "gloire" éphémère n'empoisonnent pas la vie de Ma Yan au lieu de l'aider. »

La jeune fille a pourtant su éviter tous les pièges. « Elle grandit bien », témoigne en décembre 2003 le directeur de son collège, qui a accroché au mur de son bureau un portrait géant de la jeune fille, celui qui a servi de décor à l'émission de la télévision chinoise. « Elle se comporte très bien avec ses camarades, continue à vivre comme les autres alors qu'elle a plus d'argent qu'eux. Elle mange à l'école au lieu d'aller au restaurant, et partage son

1. Michèle Fitoussi est journaliste et éditorialiste pour l'hebdomadaire féminin *Elle*. Elle est présidente de l'association Les Enfants du Ningxia.

lit avec une autre pensionnaire, comme toutes ici. Il n'y a pas de jalousie. » Enfin, elle reste une bonne élève, malgré l'agitation qui l'entoure. En dépit de quelques améliorations, Ma Yan partage toujours les conditions de vie rudimentaires de ses camarades : un quotidien marqué par la routine d'une scolarité dans un collège rural aux maigres ressources – des dortoirs surpeuplés et en piteux état, des salles de classe aux effectifs pléthoriques, dont on bouche les fenêtres avec des parpaings en hiver pour se protéger du froid, des repas simples avalés à la va-vite en l'absence de véritable cantine… Ma Yan ne bénéficie d'aucun privilège, et ne cherche jamais à s'élever au-dessus des autres.

Sans doute est-ce le fruit de son éducation communiste, qui érige en modèle ceux qui se distinguent. En tous les cas, Ma Yan a le sens des responsabilités. Elle sait que tout le monde l'attend au tournant, ceux qui l'admirent et redoutent de la voir trébucher, ou ceux qui envient son succès et se réjouiraient de la voir mal tourner.

Elle est bien consciente des périls de son nouveau statut, quand elle nous confie : « J'espère que mon avenir sera meilleur, que je ferai de bonnes études et que j'aurai un bon travail. Mais mon caractère ne doit pas changer, je ne dois pas être orgueilleuse, je dois rester comme avant, m'habiller comme avant. » Elle n'oublie pas d'où elle vient : « Je relis souvent mon journal, je me souviens bien de ma vie passée. Je me souviens du jour où j'ai arrêté d'aller à l'école, de l'époque où je coupais l'herbe pour nourrir les moutons. » Et quand elle prend la parole, c'est d'abord pour parler des autres, ceux qui n'ont pas eu sa chance.

En deux ans, un long parcours iniatique a donc été accompli. Notre intrusion dans sa vie, fruit du hasard et des circonstances, Ma Yan l'a bien décrite à la télévision : « Ma première impression était que [l'étranger] était très gentil. Il ne parlait pas chinois et ne faisait que sourire. Il m'a demandé si je voulais aller à l'école. Tous les villageois étaient venus [le] voir. »

Pourtant, les malentendus n'étaient pas loin.

« Elle est aussi votre fille »

Si nous aidions Ma Yan, il n'était pas question pour nous de nous substituer à ses parents. Très vite, elle nous avait écrit pour nous confier qu'elle pensait que nous l'« aimions plus » que ses propres parents, idée qu'il nous a fallu combattre vigoureusement. Un temps, sa mère elle-même a semblé abonder dans ce sens :

Le 31 mars 2002.

Chers grand frère et sœur,

Comme je pense à vous, à cette soirée que nous avons passée ensemble. Tu [He Yanping] *es comme ma grande sœur, je t'ai raconté toutes mes douleurs, j'en suis très contente. Comme si j'avais fait un rêve. Grand frère et sœur, je vous confie Ma Yan. En tant que sa mère, je ne lui ai donné que sa vie, je ne peux pas lui donner un grand idéal. Grand frère et sœur, vous lui avez tout donné. Ma Yan est ma fille, mais elle est aussi votre fille. Je vous prie de l'élever pour qu'elle devienne une personne utile.*

Grande sœur, tu avais dit que Ma Yan pourrait aller étudier en France, et que si cette occasion se présentait, je devrais la laisser aller pour qu'elle reçoive une bonne éducation. Nous en serons très contents. Après votre départ, Ma Yan était assez embêtante, elle m'a demandé pourquoi oncle et tante ne restaient pas un jour de plus. Je lui ai répondu qu'oncle et tante ont beaucoup de travail. Elle a dit : « Oui, ils travaillent dur. Ce soir-là, pendant votre conversation, je n'ai pas dormi. J'ai beaucoup réfléchi dans mon lit. Cette fois, je vois qu'oncle et tante ont déjà maigri, ça me fait mal au cœur. Comme ils se sont mis en peine pour moi... » Je comprends Ma Yan, je vois à quel point vous êtes importants dans son cœur.

Grande sœur, quand je veux entendre ta voix, j'allume la radio, j'écoute la présentatrice. Sa voix est douce comme la tienne. Comme si nous étions en train de discuter...

Cette lettre, Bai Juhua l'a fait écrire par ses enfants au lendemain de l'un de nos voyages les plus importants, en février 2002. Nous avions offert les premières bourses scolaires et fait signer à Ma Yan le contrat d'édition qui allait changer toute sa vie. Non seulement Bai Juhua venait de croiser un Occidental, mais elle avait aussi échangé quelques mots avec une Chinoise de la capitale, tout aussi lointaine que je pouvais l'être à ses yeux ! He Yanping, qui parle couramment le français et travaille pour une société étrangère, était la première citadine moderne qu'elle rencontrait.

Quand Ma Yan et sa mère ont été hébergées avec nous à l'auberge de Yuwang, elles ont partagé la chambre de He Yanping. Les deux femmes, la paysanne et la Pékinoise, ont discuté toute la nuit. Fascinée, Bai Juhua a demandé à He Yanping de lui raconter sa vie. Elle ne se lassait pas d'écouter sa « confidente », qui s'exprimait si bien dans le mandarin de la capitale, sans l'accent des paysans du Ningxia. Rien d'étonnant donc à ce qu'elle l'assimile à la présentatrice de la radio ! Elle a testé son pot de crème Nivea, échangé des secrets… De là lui est venue l'idée d'envoyer un jour Ma Yan étudier en France.

« Comment pouvez-vous m'abandonner ? »

L'une des questions les plus délicates, voire les plus explosives, que nous avons dû gérer dans un environnement aussi pauvre, c'est évidemment celle de l'argent.

Lors de notre retour à Zhang Jia Shu en juin 2001, nous décidons spontanément, He Yanping et moi, de « sponsoriser » le maintien de Ma Yan à l'école, sans imaginer les événements qui vont en découler. Bai Juhua nous envoie alors un petit mot écrit de la main de ses enfants, pour nous remercier du « sacrifice personnel » que nous avons fait en lui remettant la somme nécessaire à une année d'étude pour sa fille : elle ignore qu'à Pékin les nouveaux riches dépensent autant pour un seul repas sans sourciller…

Le fonds de solidarité créé début 2002 par les lecteurs de *Libération* prend le relais, jusqu'à ce que le contrat d'édition vienne garantir à l'écolière de substantiels revenus sur plusieurs années. Lorsque les premiers versements de son à-valoir nous parviennent, nous sommes avec Ma Yan et sa mère à Yinchuan, la capitale provinciale, pour permettre à Bai Juhua de soigner son ulcère à l'estomac.

J'avais déjà eu l'occasion d'évoquer avec elle la question de l'argent, et elle avait joliment répondu : « Gardez-le, vous vous occupez bien de l'éducation de ma fille… » Inconcevable, bien sûr. Je lui avais alors demandé ce qu'elle ferait si elle recevait 10 000 yuans – une véritable fortune pour elle ! Bai Juhua s'était mise à rêver : un déménagement dans le chef-lieu du district, Ma Yan inscrite dans un meilleur collège, et pourquoi pas ouvrir un salon de coiffure ?

Ce jour-là, nous profitons, Michèle Fitoussi, He Yanping et moi, d'un dîner dans un restaurant musulman de la ville pour revenir sur ce délicat problème. Nous avons bien conscience qu'il ne sera pas facile, pour une famille paysanne qui compte en centimes et n'a jamais eu d'argent devant elle, d'apprendre à gérer des revenus, à faire des projets d'avenir, et d'assumer le brusque décalage de fortune avec les autres villageois.

De la manière la plus pédagogique qui soit, nous annonçons à Bai Juhua et à Ma Yan, qui nous écoutent attentivement, que, désormais, elles disposent de leurs propres ressources : l'argent ne sera plus jamais un obstacle pour la poursuite de ses études. Nous concluons qu'il serait légitime de réserver les bourses scolaires, collectées grâce à l'association – même si elles sont encore relativement peu nombreuses –, aux familles toujours dans le besoin.

Ma proposition sème la consternation.

« Pourquoi nous laissez-vous tomber ? » demande Ma Yan, visiblement effondrée.

Surpris par le contresens, j'explique, avec l'aide de He Yanping, qu'au contraire elle reste la référence de notre action et qu'il n'y a désormais plus d'autre limite à son désir d'étudier que ses propres moyens intellectuels. Si, un jour, elle a la capacité et l'envie de devenir médecin, elle sera médecin. Nous nous engageons personnellement, Michèle Fitoussi et moi, à la soutenir.

Ma Yan demande alors, toujours d'une petite voix : « Je ne recevrai plus jamais de lettres des enfants français ? »

Nous comprenons ce qu'elle redoute le plus, bien au-delà de cette question d'argent : que le lien qui s'est établi entre son univers, perdu dans les montagnes chinoises, et ces lointains pays d'Europe se brise. Elle craint de ne plus recevoir les lettres des jeunes français – notamment celles des élèves de la classe d'Emmanuelle Polack à Villiers-le-Bel – et italiens... Nous nous empressons donc de la rassurer.

Dès le lendemain, nous nous rendons dans une agence bancaire de Yinchuan pour ouvrir un compte au nom de Ma Yan. Mais cela s'avère impossible, ni elle ni sa maman n'ayant apporté de pièce d'identité. Séance cocasse, dans cette agence bancaire, quand nous apprenons à Ma Yan ce qu'il lui faudra faire toute seule la fois suivante. Sous le regard un peu perdu de sa mère, la jeune fille remplit les formulaires, s'applique comme pour un examen. Et réussit : nous recevrons peu de temps après les coordonnées bancaires de la famille Ma.

Une partie de l'avance lui est immédiatement versée pour que la famille puisse dès que possible améliorer sa vie quotidienne. Le reste sera réglé sous forme de mensualités.

Quelques semaines plus tard, une lettre de Ma Yan nous parvient à Pékin. Nouveau coup de tonnerre :

Je suis arrivée à Yinchuan pleine de joie, c'était le plus grand voyage de ma vie, dans cette ville si prospère, avec ses voitures, ses écoles, ses grands immeubles sortis de terre, tout ça près de moi. C'est la plus belle ville que j'ai vue jusqu'ici, peut-être y en aura-t-il d'autres dans quelques années.

À la sortie du restaurant, j'ai vu vos visages amers. Une fois rentrés à l'hôtel, tu [He Yanping] *as discuté avec maman. J'avais la tête vide qui allait exploser, comme si j'étais une orpheline vagabonde, sans soutien. Le lendemain, j'avais encore la tête vide.*

Je ne pouvais pas entendre ce que vous me disiez, je voulais pleurer. Quand je voyais chacun de vous assis, je vous haïssais. Je voyais oncle Han dire "Ma Yan tu t'en vas... On va aider d'autres enfants"... Oncle, tante, à ce moment-là, ma tête était comme un nid d'abeilles, avec vos voix comme bruit de fond. Vous me posiez des questions et j'avais la tête vide, je ne sais pas ce que je vous ai répondu...

Vous étiez si gentils et sympathiques, vous aviez un cœur d'or, et tant d'autres Français qui voulaient m'aider jusqu'au bout. Comment pouviez-vous m'abandonner ? J'avais peur que vous m'abandonniez, ma mère et moi. J'étais triste et inquiète. En même temps, je m'encourageais. Je me disais, ce n'est pas si grave. Continue, courage… Oncle et tante ont vu ce que je suis, et ils verront ce que je serai.

J'ai retenu dans mon cœur ce que tante He m'a dit : tu as quatorze ans, tu es grande, tu comprends… Je suis grande, je comprends bien des choses. Je suis l'enfant qui comprend le mieux les choses dans le village. Mais, en ville, je suis trop petite. En ville, j'avais peur d'abîmer les choses, j'avais peur qu'on me frappe. Dans le village, je suis une enfant mûre, en ville, je ne suis qu'une enfant de trois ans. Mais je suis sûre qu'un jour je serai comme les enfants des villes, intelligente et vivante.

Le malentendu est décidément total. Elle n'a compris qu'une seule chose : que nous l'abandonnions. Il faut éteindre cet incendie au plus vite. D'autant qu'elle termine sa lettre ainsi :

Je n'ai pas laissé une bonne impression à cette ville, à vous, et à moi-même. Quand nous nous sommes séparés, oncle Han a dit : « On ne t'abandonne pas, on t'aidera pour toujours. » En entendant cette phrase, je ne pouvais que rêver. Merci ! En entendant cette voix me dire au revoir, à une autre fois, je me disais, mais ce sera quand ? Dans dix ans ? Dans cent ans ? Mais je n'ai pas de regrets. Un jour, je serai avec oncle Han et tous les oncles et tantes et les enfants français pour les embrasser, profiter de ce bonheur jamais vu de la vie. [...] Pourquoi cette lettre a tant de retard ? Parce que j'ai peur. Que sera votre réponse ?

Bai Juhua a fait ajouter par sa fille quelques lignes, qui témoignent là encore du malentendu :

Chers grand frère et grande sœur !

Je suis émue et triste. Vous m'avez dit de faire attention à ma santé et de boire du lait.

Vous avez dit l'autre jour que vous alliez encore discuter de l'histoire de Ma Yan. Je pense que cette histoire peut influencer ses études. Son histoire a été publiée dans Les Nouvelles du soir du Ningxia. *Si vous ne la soutenez pas, ses camarades la mépriseront. Réfléchissez avec prudence. À Yinchuan, j'étais pitoyable. Je veux que mes enfants étudient bien et ne me ressemblent pas.*

Sur ce, nous partons couvrir des inondations catastrophiques au sud de la Chine. Plus tard, profitant d'un retard de plusieurs heures dans un aéroport, j'écris à Ma Yan une longue lettre personnelle comme j'en ai rarement rédigé dans ma vie… He Yanping la traduit en mandarin.

Chère Ma Yan,

J'espère que cette lettre te trouvera en bonne santé ainsi que toute ta famille. Tu dois te préparer à retourner à l'école pour une nouvelle année, et j'espère que tout se passera bien pour toi.

J'ai bien lu ta dernière lettre, et je suis désolé si ce que nous t'avons dit lors de notre voyage à Yinchuan t'a rendue triste et t'a dérangée, car c'est évidemment tout le contraire de ce que nous souhaitons, moi-même et les oncles et tantes français qui ont décidé, au début de l'année, de t'aider ainsi que d'autres enfants du Ningxia. Tout ce qui se passe depuis un an entre toi et nous est inattendu et exceptionnel, et il n'est pas étonnant que, parfois, nous ayons un peu de mal à nous comprendre : nous venons de mondes très différents, et les mots n'ont pas toujours la même portée en Chine et en France. Surtout que je ne parle pas bien le chinois et ne peux donc pas m'adresser à toi directement.

La chose la plus importante qu'il faut que tu retiennes, c'est que tous ces gens, en France et ailleurs en Europe, qui ont été émus par ta lettre et ton journal lorsque mon article a été publié, sont décidés à te soutenir par tous les moyens pour que tu réalises ton rêve d'éducation et que toi et ta famille connaissiez un avenir meilleur. C'est ce que nous t'avons écrit au début de cette année, et cela reste à cent pour cent valable. Je veillerai personnellement à ce que ce soit le cas, et, tu as pu le constater avec tante Fei [Michèle Fitoussi] *qui est venue spécialement de Paris pour te voir au cours du mois de juillet, ou avec Emmanuelle qui a envoyé des cadeaux de Paris, personne n'a l'intention de t'oublier ou de t'abandonner au moment où tu peux reprendre espoir.*

La seule chose nouvelle, et c'est aussi une bonne nouvelle pour ta famille et toi, c'est que, grâce à la publication en France d'un livre qui reproduit ce que tu as toi-même écrit, vous avez gagné suffisamment d'argent pour garantir la poursuite de tes études, et même améliorer votre vie dès à présent, la tienne, celles de tes frères, de ton père et de ta mère. C'est ce que vous faites avec l'achat de moutons ou de terres. Cet argent, il ne vient pas de la générosité de quelques personnes, mais il est le fruit de ton travail, de ta personnalité : tu peux en être fière. C'est pour cela que nous vous avons demandé d'ouvrir un compte en banque à Tongxin, pour pouvoir vous verser cet argent qui est bel et bien à vous.

Cela ne change rien au lien qui s'est créé entre nous, entre les enfants de la classe d'Emmanuelle et toi, entre tante Fei et toi… J'espère que tu me fais suffisamment confiance pour me croire quand je te dis que personne ne te laisse tomber ou ne t'oublie. Au contraire, la sortie de ce livre en octobre en France va renforcer le lien qui s'est créé, pour t'aider à poursuivre tes études et devenir quelqu'un de bien et d'utile à la société. C'est ce que nous souhaitons pour toi, et nous t'y aiderons dans la mesure de nos possibilités. Sache que chaque fois que j'envoie aux oncles et tantes de France de bonnes nouvelles de toi, et des photos prises à chacun de nos passages à Zhang Jia Shu, ils en sont contents et me le font savoir. Ils suivent tes progrès de près et ne t'oublient pas.

À travers toi, ce sont d'autres enfants qui profitent aussi de cette aide : trente autres enfants du Ningxia iront à l'école à la rentrée grâce à l'argent qui a été donné par les oncles et tantes depuis la publication de mon article. C'est peu, car nous n'avons pas les moyens d'aider tout le monde à Zhang Jia Shu, moins encore au Ningxia, mais c'est beaucoup pour ces enfants-là qui ont retrouvé, comme toi, le chemin de l'école. Tu peux être fière d'être à l'origine de cette aide, ainsi que ta maman qui a eu l'idée de nous donner ta lettre lorsque nous sommes passés pour la première fois à Zhang Jia Shu.

Je t'explique tout cela longuement pour que tu n'aies plus de doutes, et que tu n'aies plus de pensées aussi négatives que la haine que tu dis avoir ressentie à notre égard à Yinchuan. La haine est un très mauvais sentiment en général et tu devrais la faire sortir de ton cœur. Surtout qu'en la circonstance tu l'appliques à des gens qui ne te veulent que du bien, qui veulent t'aider à grandir de manière plus heureuse. J'espère que tu seras désormais rassurée une fois pour toutes. Et je pense que tu seras très fière, dans quelques semaines, quand tu recevras le livre qui porte ton nom et qui fait qu'aujourd'hui ta famille et toi pouvez envisager un avenir plus prospère.

J'espère que ton cœur ne sera plus troublé par toute cette agitation, et que tu pourras te consacrer au maximum à tes études, car, désormais, il n'y a que tes propres capacités qui détermineront jusqu'où tu pourras aller. L'argent n'est plus un obstacle à la réalisation de ton rêve d'étude. C'est ce que j'ai essayé de vous expliquer à Yinchuan, et je regrette que nous nous soyons mal compris.

Tous les oncles et tantes de France s'associent à moi, ainsi que tante He qui est aussi engagée que nous pour t'aider, pour te souhaiter une bonne année scolaire et plein de succès. Et nous espérons te revoir bientôt, heureuse et apaisée.

ONCLE HAN,
26 août 2002.

Dès réception de cette lettre, Ma Yan nous répond en s'excusant… Le malentendu est dissipé et ne sera bientôt plus qu'un mauvais souvenir.

Michèle Fitoussi, venue faire un reportage pour *Elle*[1], cet été-là, rédige un compte rendu de ses impressions pour les membres de l'association en création : « Ma Yan s'est parfaitement adaptée à toutes les nouveautés. Le lendemain de notre arrivée [à Yinchuan], nous avons voulu l'emmener déjeuner pendant que sa mère était à l'hôpital avec Yanping. Elle a refusé et pour cause : nous l'avons

1. *Elle*, 30 septembre 2002.

trouvée dans la chambre d'hôtel affalée dans un fauteuil, regardant la télé tout en sirotant un Coca, comme n'importe lequel de nos enfants... Nous nous sommes quittés deux jours plus tard en les laissant devant l'arrêt d'autobus qui devait les ramener au district. Nous étions un peu inquiets, car elles n'avaient jamais voyagé ainsi, mais elles se sont parfaitement débrouillées. Ma Yan m'a beaucoup touchée au moment des adieux. Elle s'est presque effondrée dans mes bras, puis tout de suite s'est reprise. Cette enfant, ces enfants ont un courage et une volonté extraordinaires. Le peu que nous faisons, même si c'est très peu, et même si c'est parfois avec une grande maladresse, ils le méritent vraiment. »

« Qu'ai-je fait de mal pour que
le ciel ait choisi Ma Yan et pas moi ? »

Cet automne 2002 est crucial : c'est la sortie du livre de Ma Yan en France. Dès le mois de septembre, je suis de retour à Zhang Jia Shu avec l'équipe de France 2 conduite par Philippe Rochot, correspondant à Pékin de la chaîne publique. Il veut réaliser un reportage pour accompagner la parution du livre. Nous retrouvons toute la famille apaisée.

Le reportage de France 2 sera diffusé le mois suivant. Ma Yan et sa mère pourront voir la cassette quelque temps après. Ce sont leurs débuts cathodiques : elles n'avaient jamais vu une caméra de télévision auparavant, même si elles se sont bien rattrapées depuis… Bai Juhua explique à l'antenne pourquoi elle nous a confié les documents de sa fille après lui avoir annoncé qu'elle n'irait plus à l'école. « Mon cœur de mère était déchiré », confie-t-elle. Ma Yan, elle, lit à haute voix les pages qu'elle continue d'écrire dans son journal intime – des considérations d'adolescente sur l'injustice du monde.

Philippe Rochot et son caméraman, Sylvain Giaume, filment l'école où allait Ma Yan et la piste terrifiante qu'elle empruntait à pied pour revenir du collège. Ils interviewent le directeur adjoint du collège qui explique que l'histoire de Ma Yan a revalorisé le statut des filles : les paysans hésitent moins à envoyer leurs filles à l'école. Charlotte Caillez, l'assistante de France 2, se voit remettre deux journaux intimes par des jeunes filles, d'autres « Ma Yan » en attente de miracles. L'une d'elle a écrit cette phrase terrible : « Qu'ai-je fait de mal pour que le ciel ait choisi Ma Yan et pas moi ? »

La mode des journaux intimes fleurit au Ningxia.

Lors de la sortie du livre en France, je préfère ne pas faire venir Ma Yan à Paris : trop tôt, trop jeune pour affronter le cirque médiatique. Il me semble assez difficile de passer sans transition de Zhang Jia Shu aux plateaux de télévision. Ma Yan n'a-t-elle pas découvert il y a seulement deux mois l'eau chaude au robinet dans notre hôtel de Yinchuan ? Et les centres commerciaux, et les filles en mini-jupes... Pour que cette belle expérience ne tourne pas au désastre, mieux vaut procéder par étapes.

D'abord, conquérir Pékin. En novembre 2002, Jean-Claude Gawsewitch, alors directeur des éditions Ramsay, arrive dans la capitale chinoise pour rencontrer Ma Yan et sa mère. Elles viennent en train de Yinchuan : seize heures de voyage. Pendant trois jours, nous allons alterner visites touristiques (la Cité interdite, la Grande Muraille...), initiation à la grande ville (avec la visite d'un Mall commercial qui rend Ma Yan complètement folle d'excitation), et discussions autour du livre. À la demande de Bai Juhua, nous mangeons exclusivement dans des restaurants musulmans, surtout ouighours. Heureusement, il n'en manque pas à Pékin. Un matin, après avoir assisté au lever du drapeau sur la place Tiananmen, face au portrait de Mao, nous les emmenons toutefois prendre un petit déjeuner au Novotel voisin : un buffet gargantuesque comme elles n'en ont jamais vu...

Le soir, à mon domicile, nous invitons une quarantaine d'amis chinois et étrangers, ainsi que les représentants de la presse française à Pékin, à faire la connaissance de Ma Yan et de sa mère. Une réunion amicale, sans enjeu, pour mettre à l'aise nos visiteuses du Ningxia. Quelques amis sont accompagnés d'enfants du même âge que Ma

Yan, et ils trouvent leur langage à eux. Ma Yan dédicace son livre avec le plus grand naturel, Bai Juhua accueille les invités comme si elle avait fait cela toute sa vie… Nous redoutions la gêne et le décalage, il n'y en a pas.

Pendant son séjour à Pékin, Ma Yan demande à aller voir un vieux monsieur, jardinier à la retraite, qui, après avoir lu son histoire dans un journal chinois, a commencé à lui écrire et à lui envoyer de petits cadeaux. Il habite à la périphérie de Pékin, dans une cité ouvrière à l'ancienne, une vraie maison de jardinier, dans laquelle il n'y a pas de séparation entre les plantes et l'homme… Cet homme se révèle d'une générosité absolue : retraité sans grands moyens, veuf et sans enfants, il aide plusieurs jeunes Chinois pauvres dont il a découvert l'existence dans la presse. Il a confectionné un album photos avec les souvenirs que lui envoient ses « filleuls » répartis aux quatre coins de la Chine. Il sera là, l'année suivante, pour encourager Ma Yan à la sortie du livre en chinois.

Lorsque la jeune fille et sa mère reprennent le train trois jours plus tard, la tête pleine de souvenirs et les sacs remplis de cadeaux pour les gens du village – Ma Yan a une superbe paire d'Adidas aux pieds ! –, un ami documentariste venu de Paris, Jean-Claude Luyat, les accompagne. Il filme dans le train Ma Yan, épuisée, s'endormant dès que le convoi quitte Pékin, et Bai Juhua tenant salon dans son wagon, montrant aux autres voyageurs le livre français qui porte son visage en couverture et racontant en boucle l'histoire miraculeuse de ce journal qu'elle a eu l'intuition de nous confier... Parfois elle regarde le paysage chinois qui défile derrière la vitre, et des larmes d'émotion coulent sur son visage.

À l'arrivée à Yinchuan, le voyage n'est pas fini : un bus pour Tongxin, un autre pour Yuwang, et enfin un tracteur pour les vingt derniers kilomètres jusqu'à Zhang Jia Shu. Une sucession de sas de décompression bienvenus avant de retrouver la dure réalité du village.

Donner après avoir reçu...

Ma Yan et sa mère sont de retour à Pékin un mois plus tard, cette fois par avion – encore une première ! –, pour une émission de télévision. Les échos du succès du livre en France sont parvenus jusqu'ici, et la Chine se demande en quoi le sort d'une petite paysanne de quatorze ans peut intéresser les lointains Français.

Lorsque nous retournons au Ningxia, en février 2003 – mon septième voyage sur place en deux ans –, bien des choses ont changé. Un journal chinois résume parfaitement la situation : « Ma Yan, heureuse mais stressée... » Le journaliste explique à quel point la vie de la jeune fille s'est améliorée, mais ne cache pas que sa notoriété entraîne certains désagréments : la jalousie, les sollicitations, le regard des autres…

« Lao » Ma, un vieux sage de Yuwang qui détient la clé de la tour de la Cloche et du Tambour[1], au centre de la commune, et fait office de gardien de la mémoire collective dans cette région qui vit passer Mao et la Longue Marche, nous explique : « Certains paysans ne conçoivent toujours pas que Ma Yan reçoive de l'argent de ce livre et pas les autres. Mais c'est un problème d'éducation. D'autres savent bien que sans Ma Yan il n'y aurait pas d'aide pour d'autres enfants. » La sortie du livre a fait comprendre aux villageois que nous étions durablement ancrés dans le paysage.

C'est alors que Ma Yan va nous surprendre, une fois de plus. Comme à chacun de nos voyages, Ma Yan et sa mère viennent dormir à Yuwang, dans la petite auberge où nous descendons. C'est le seul moyen de bavarder tranquillement, loin de l'agitation que suscite chacun de nos déplacements. Ce soir-là, dans la salle du restaurant de l'auberge, après un repas de mouton et de nouilles, Ma Yan écrit de sa propre initiative quelques lignes sur une feuille de papier :

1. Autrefois, les tours de la Cloche et du Tambour sonnaient l'heure. Elles annonçaient aussi la fermeture des portes de la ville ou alertaient la population en cas de danger.

Je suis une élève ordinaire. J'ai reçu des aides de certains amis. Aujourd'hui, je veux aussi offrir un peu de cœur d'amour pour que plus d'enfants pauvres entrent dans l'océan des connaissances, l'école. Pour qu'ils réalisent petit à petit leurs rêves. Pour qu'ils construisent un avenir meilleur à notre patrie, à notre pays natal. Si chacun donne un peu d'amour, le monde sera meilleur. Je veux donner 25 % de tous mes droits du livre Journal de Ma Yan *à l'association française Les Enfants du Ningxia.*

MA YAN,
26 février 2003.

La surprise est de taille. J'avais en effet expliqué à Ma Yan qu'une partie de mes droits d'auteur était reversée à l'association, et suggéré qu'il serait bien qu'elle aussi fasse un geste vis-à-vis de sa communauté. Il était entendu que la démarche devait venir d'elle-même, mais elle a été plus rapide que nous ne l'avions imaginé. C'est aussi la meilleure façon de désamorcer des manifestations de jalousie qui commencent à se faire jour.

Bai Juhua expliquera plus tard à la télévision chinoise : « Je me souviens de l'époque où je n'avais pas d'argent pour payer l'école. Je me sens mal quand je vois d'autres enfants dans cette situation aujourd'hui. J'espère qu'avec cette contribution nous pourrons les aider. »

Et Ma Yan de renchérir : « Les autres enfants sont comme mes frères et mes sœurs. »

La petite paysanne du Ningxia a compris qu'elle était devenue le symbole de la dignité des enfants, de l'égalité des sexes et du droit à l'éducation. Elle a eu la maturité et l'intelligence de rester une héroïne du quotidien, autour de laquelle se cristallise et s'exprime le sort de millions d'enfants oubliés à travers le monde.

Mais si elle a effectivement mûri et s'est transformée durant les deux premières années de ce « conte de fées », elle sait aussi qu'elle a encore du chemin à parcourir pour réaliser ses rêves. Elle reste une enfant de la campagne, qui a longtemps vécu isolée, alors que les jeunes de son âge, à Pékin, Shanghaï ou Canton, ont déjà plongé dans le XXIe siècle et voient s'ouvrir toutes grandes les portes de l'avenir.

« Avant, je croyais qu'il n'y avait que notre village dans le monde, je n'étais allée nulle part. Maintenant, je connais Yinchuan, Pékin, je sais que le monde est si grand, si beau », conclut-elle joliment à la télévision chinoise.

Elle voulait devenir policière afin de punir les mauvais éléments de la société, elle a aujourd'hui changé d'avis : elle sera… journaliste. « Je veux sillonner le pays et aider les enfants pauvres », nous annonce-t-elle, ajoutant aussitôt : « Mais j'espère qu'il n'y en aura plus. » Elle se voit vivre « dans une grande ville », après avoir quitté son village natal et sa montagne aride. « Mais je n'oublierai pas cette région. J'y suis née, j'y ai vécu. »

Elle a seize ans, elle est prête à prendre son envol : « Je veux voler le plus tôt possible dans le ciel et réussir. Mes ailes commencent déjà à voler. »

何阳你好：

元旦快乐

当你收到这封信的时候，我已经步入了婚礼的殿堂，人生的坟墓。

也许你已经忘记我是谁，我现在告诉你，我叫马世萍，是一个性格内向的人，一直不愿与人交际，也从不把心里的话告诉别人，是个无论是苦或甜都向肚里吞的人。

记得第一次见你，我就很敬佩你，其实那时也是我即将辍学的时期，看到你的到来，和所作所为，我真想让你能听我的心里话，但又不能如愿，再见你的时候，已经是决定我要继续步入学习的圣地，人类智慧的天堂的命运性决定，我从不求人，但是那次当我自己无助时，我胆怯不敢求你帮我，但回使我欣慰的是你答应给我资助，你知道吗？我当时像从前高兴，几乎天天高歌，但一学期以后别的孩子都如愿以偿的拿到了各自的学费，而我却是学费一欠再欠，同时我也受到家庭经济的压力，也受到外界不同的嘲弄，使做为女孩子的我的那点一直以来是师之骄子的我所养成的自尊心受到了极度的打击，使我彻底崩溃，我当时痛恨天下所有的人，本来性格孤僻的我从此沉闷不乐，随之我辍学了，我的心情从此再也不能平静，我的大脑每天都回忆在学校学习的情景，父母以为我有了什么病，去医院检查，但是医生始终没有查出病因，我曾经一度想到了死，以死来减轻家庭的经济负担，但是我做不到，我需要安静，决对的安静，来反省自己

II

Ma Shiping, ou la prisonnière du Palais du Mariage

Grande Sœur,

Quand tu recevras cette lettre, je serai déjà dans le palais du mariage, c'est-à-dire dans le tombeau de la vie.

Quand je t'ai vue pour la première fois, j'allais encore dans le lieu saint des études, ce paradis de l'intelligence humaine. Le semestre suivant, quand les autres ont reçu le montant de leurs frais, je n'ai pas pu payer les miens.

Ma mère est allée te voir pour te demander de m'aider. Tu as accepté, j'étais contente, je chantais. Mais je n'ai reçu aucun argent et j'ai subi alors les pressions de ma famille : ils voulaient que j'épouse un voisin.

Tout mon amour-propre de jeune fille et ma fierté ont été mis à mal. J'avais honte. Je haïssais tout le monde sous le ciel. Comme je suis d'un caractère renfermé, j'ai gardé cela pour moi et j'ai décidé de mourir. Mes parents ont pensé que j'étais malade, alors que je ne pensais qu'à alléger les charges de ma famille. Je ne suis pas parvenue à mourir, alors j'ai décidé d'accepter mon sort.

Je suis allée au mariage avec un cœur mort. Je n'en veux à personne, juste à mon destin. J'ai trop cru en la phrase qui disait que l'homme pouvait vaincre le ciel.

Je te remercie de l'aide apportée à ma petite sœur, pour qu'elle ne suive pas mon chemin. Mais elle travaille sans lumière, s'abîme les yeux, et je m'inquiète de sa santé. J'espère qu'elle pourra, avec votre aide, être première ou deuxième de sa classe.

J'ai encore beaucoup de choses à te dire, mais je les garderai pour moi jusqu'à ma mort.

Écrit avec des larmes de quinze ans.

MA SHIPING,
janvier 2003.

Quand nous recevons cette lettre, nous sommes consternés. C'est la première fois, au Ningxia, que nous sommes confrontés à une telle violence. Ma Shiping nous met brutalement face à une réalité qui ne nous était pas étrangère mais que nous n'avions pas encore directement affrontée : le mariage forcé des filles. Et nous sommes d'autant plus bouleversés que cette jeune fille nous fait en quelque sorte porter la responsabilité de son triste sort, puisque nous avons ignoré sa demande, il est vrai très indirecte, de bourse scolaire.

Ma Shiping n'est pas une inconnue pour nous. C'est la grande cousine de Ma Yan au deuxième degré [1], qui revient souvent dans son journal, à la fois confidente et rivale, admirée et jalousée… Elle était aussi la compagne de ces longues marches entre l'école et le village, chaque fin de semaine, quand il fallait braver les intempéries, les bandits et la peur. Ma Yan la décrit sous les traits d'une jeune fille fière, intelligente, pas toujours généreuse, parfois même un peu chipie. Dans notre esprit, les deux jeunes filles sont indissociablement liées : même famille, même âge, même esprit vif. Que leurs destins divergent ainsi est insupportable et injuste.

Ma Shiping ne s'est jamais directement adressée à nous, mais elle était toujours là lors de nos visites à Zhang Jia Shu. Je me souviens de notre dernier passage dans le village avant sa lettre : comme à l'accoutumée, la foule se pressait dans la maison de Ma Yan, attirée par la curiosité ou le désir de faire passer une doléance. Ma Shiping se tenait debout, accoudée au mur, belle et mystérieuse. Elle dénotait par son allure distante, quand chacun tentait de nous parler de ses problèmes et de plaider sa cause. Peut-être portait-elle un jugement sévère sur tous ces gens qui venaient solliciter sans pudeur l'aide des « étrangers ».

1. Ma Yan se réfère à Ma Shiping comme à sa « tante ». En fait, dans la tradition française, elle serait bien sa grande cousine au deuxième degré.

Avons-nous ignoré son « SOS » ? Nous tâchons de nous remémorer, He Yanping et moi, les innombrables demandes d'aide qui nous sont parvenues depuis notre dernier passage. Nous n'avons pas souvenir de la démarche que la mère de Ma Shiping aurait faite. Puis nous mettons la main sur une première lettre de la jeune fille, datant de mai 2002, dans laquelle elle nous explique qu'elle a effectivement dû quitter l'école à la fin du primaire, rêve d'y retourner et nous remercie de l'aider. Cette lettre nous avait intrigués, car nous n'avions rien décidé à son sujet.

Dans notre esprit, comme nous aidions déjà sa jeune sœur, Ma Shifang, il nous semblait difficile d'aider aussi Ma Shiping. C'eût été privilégier le « clan Ma Yan » que d'octroyer des bourses à trop de membres d'une même famille. Ma Shiping ne nous avait plus jamais contactés directement, jusqu'à cette lettre tragique de janvier 2003, qui nous fait prendre conscience du drame qu'elle a vécu.

Est-il trop tard pour l'aider ?

Au reçu de la lettre, Michèle Fitoussi, la présidente de notre association, réagit : « Est-il trop tard pour l'aider ? On ne peut pas la laisser dans cette situation, c'est horrible… Et si on lui promettait une bourse ? Tu crois que le mari de Ma Shiping patienterait jusqu'à la fin de ses études ? Qu'en pense He Yanping ? Il faut absolument faire quelque chose pour cette petite… Nous étions d'accord tous les trois pour diversifier les aides. »

Le lendemain, elle revient à la charge avec une idée audacieuse mais peu réaliste : « Si elle a été “vendue”, comme tu dis, est-ce qu'on ne peut pas la “racheter” ? »

Lors de notre passage à Zhang Jia Shu, le mois suivant, force est de constater que Ma Shiping est déjà partie depuis longtemps dans le village de son mari. Un silence pudique est retombé sur toute cette affaire, et notre réponse à Ma Shiping, expédiée dès réception de son courrier, est restée sans effet…

Impossible pour les étrangers que nous sommes de lutter contre la pesanteur des traditions. La communauté a entériné le mariage. Plus tard, nous apprendrons que la jeune fille, à peine âgée de quinze ans, est déjà enceinte, ce qui rend toute intervention d'autant plus illusoire.

En décembre 2003, nous débarquons sans prévenir chez la famille de Ma Shiping, à l'autre bout du village de Zhang Jia Shu. C'est sa mère, une solide matrone, qui nous accueille : elle a eu treize enfants, dont dix ont survécu – huit filles et deux garçons. La maison, plus spacieuse que celle de Ma Yan, est dépourvue d'objets superflus ou luxueux. Tout ici respire la simplicité et le dur labeur.

Nous sommes prévenus. Dans sa première lettre, Ma Shiping a décrit ainsi sa situation :

Ma famille est très pauvre, mon père s'appelle Ma Zhongke. Il a presque soixante ans. Il nous encourage, mes frères et sœurs et moi, à aller à l'école. Mon grand frère est à l'université et a besoin de 4 000 yuans par semestre, je suis la deuxième et chaque semestre coûte 500 yuans. Mes parents n'arrivent pas à payer ces frais. Comment les gens de la campagne pourraient-ils débourser tant d'argent ? C'est impossible. Pourquoi ne sortent-ils pas travailler à l'extérieur ? Ici, les gens âgés ne trouvent pas de travail. Ils ne peuvent gagner d'argent qu'avec les récoltes. Mais il n'y a pas eu de récoltes depuis plusieurs années. Il n'y en a pas assez pour manger, alors comment vendre quoi que ce soit ? Nous avons beaucoup de difficultés, c'est pour cela que mes parents ont décidé de me retirer de l'école.

Outre la mère, nous rencontrons Ma Shilong, le frère aîné de Ma Shiping. Il est revenu vivre au village après plusieurs années d'études et de travail dans l'est de la Chine. Diplômé d'informatique, il a travaillé un temps dans la zone économique spéciale de Shenzhen, près de Hong Kong, avant de regagner le Ningxia, car, en tant que musulman, dit-il, il ne supporte pas la nourriture là-bas… Il cherche aujourd'hui un emploi, mais ses compétences sont évidemment bien moins recherchées ici que dans l'Est industriel et technologique du pays.

Ce vigoureux jeune homme, vêtu d'un blouson de cuir, tranche avec l'environnement traditionnel de cette maison villageoise. Les femmes, à commencer par sa mère, le regardent avec des yeux admiratifs et complaisants, même lorsqu'il s'emporte contre les traditions et les superstitions qui, selon lui, tuent cette région. « Ici, pour avoir du travail, il faut payer. Et quand on a payé, on fait payer le suivant. »

Avec précaution, nous abordons alors le sujet de sa sœur. Une photo de mariage est accrochée au mur du salon : Ma Shiping, magnifique en robe rouge, dans les bras de son mari en élégant jeune premier. Ma Shilong l'observe un moment, puis change de ton : « Je me sens coupable. Elle est victime du mépris avec lequel on traite les filles, et, sans le savoir, j'en ai profité. »

Il raconte que, pour pouvoir l'envoyer à l'université, désormais payante et de plus en plus coûteuse en Chine, la famille a d'abord vendu un bœuf pour 3 000 yuans, mais qu'à la fin de ses études il restait une dette de 5 200 yuans à régler : « On a marié ma sœur pour pouvoir payer, sans me le dire. »

Au fond de la pièce, sa mère écoute la conversation sans mot dire. Il nous avoue alors qu'il n'a pas encore osé aller voir sa sœur dans sa belle-famille. Nous sautons sur l'occasion et lui proposons de nous y accompagner. Après un instant d'hésitation, il accepte. Rendez-vous est pris le lendemain à Yuwang, sans que nous soyons certains qu'il y sera…

Ma Shiping garde pour elle les secrets de son cœur

Pourtant, en cette magnifique journée d'hiver, il est bien là. Il a même retiré de l'école, pour quelques heures, l'autre garçon de la famille, son jeune frère âgé de onze ans. Direction Qiao Wan, plus au nord : une trentaine de kilomètres séparent les deux villages.

Nous finissons par arriver devant une ferme isolée. La route goudronnée passe à quelques centaines de mètres, mais on guette vainement le bruit d'un moteur à l'horizon. Tout autour, la terre ocre et poussiéreuse, si sèche en cette période hivernale. Un décor qui nous fait penser au film *Bagdad Café*... En été, avec quelques touches de verdure, l'impression serait sans doute moins désespérante.

Dûment prévenue de notre visite par le frère qui ne voulait pas commettre d'impair, la belle-famille nous attend dans la cour en terre battue. Le beau-père, un vieux paysan aux habits rapiécés et portant la coiffe blanche des Hui, n'a pas l'air commode, mais sa dureté est sans doute due à l'environnement inhospitalier. Le mari de Ma Shiping, lui, s'est mis sur son trente et un : ce jeune homme de vingt ans à peine arbore une cravate bariolée pour accueillir l'« étranger » et semble plus urbain que son père. La mère souffre d'une maladie des yeux qui la rend peu à peu aveugle : elle nous tend une main hésitante, mais restera à l'écart d'une agitation qui la dépasse.

Nous trouvons Ma Shiping à l'intérieur de la

petite maison en briques, plongée dans l'obscurité. Elle a accouché, il y a seulement vingt jours, d'une petite fille prénommée Fatma selon la tradition musulmane, Fa Mei selon celle de la Chine. Nous l'avions vue quelques mois plus tôt les cheveux libres, désormais seules quelques mèches brunes apparaissent sous son voile musulman, plus sévère que la traditionnelle coiffe blanche, enserrant simplement les cheveux, qu'arborent la plupart des femmes de cette région.

Elle est allongée tout habillée sur le *kang*, le grand lit cimenté recouvert d'un tissu de couleur vive, à côté de son bébé emmitouflé. Une voisine et son jeune enfant sont également présents. Un poêle à charbon diffuse une bienfaisante douceur en renfort du pâle soleil d'hiver.

Tout au long de notre visite, Ma Shiping se montrera réservée, distante et taciturne. Souriante avec son bébé et ses frères, mais d'une tristesse insondable le reste du temps. Elle ne prononcera que deux ou trois paroles de politesse, rien d'autre. Nous ne serons de toute façon jamais seuls avec elle. Comme elle l'écrivait dans sa lettre, elle entend garder jusque dans la tombe les secrets de son cœur : elle est déjà allée trop loin, et elle est trop intelligente pour ne pas savoir que son voyage est sans retour.

Un monument de kitsch tragique

Nous ne pouvons que constater qu'à quinze ans son univers s'est resserré autour d'elle comme un piège. Son mari, qui a, comme elle, arrêté sa scolarité à la fin du primaire, travaille la majeure partie de l'année sur les chantiers de construction des grandes villes, très loin. Car la terre ne rapporte quasiment plus rien en raison de la sécheresse chronique, et les jeunes sont contraints d'aller chercher en ville les ressources pécuniaires indispensables pour survivre. La jeune fille reste donc seule avec sa belle-famille, à s'occuper des tâches domestiques. Comme le fait remarquer son beau-père sans sourciller : « Ma femme devient progressivement aveugle. Si je n'avais pas marié mon fils, qui m'aurait préparé à manger ? »

Pour accueillir la jeune épouse, la famille a néanmoins fait de gros efforts. Alors que les deux autres pièces de la maison ressemblent à toutes celles des demeures paysannes de cette région – murs dépouillés, mobilier réduit au strict minimum –, une chambre nuptiale est dévolue aux nouveaux époux. Grand lit assez douillet surmonté d'un tissu rose, penderies en bois, photos du mariage aux murs, grand miroir et téléviseur neuf… Un confort rarement rencontré à la campagne, signe que les générations changent, façonnées par les modes citadines. Il est vrai aussi que le père, qui travaille à la ville, gagne des revenus plus élevés. Reste qu'au cœur de cette désolation, de cette misère, la chambre nuptiale de Ma Shiping nous apparaît comme un monument de kitsch tragique.

Nous sommes accompagnés par un officiel chinois venu de la capitale provinciale, qui tente de plaisanter avec le mari en lui demandant son certificat de mariage. Le jeune homme pique du nez : il n'en a évidemment pas, puisque l'âge minimal requis en Chine pour se marier est de vingt ans pour les filles, vingt-deux ans pour les garçons. Le mariage de Ma Shiping est donc totalement illégal – d'ailleurs, il n'a été célébré que religieusement. *Idem* pour enfanter : le texte de la loi souligne que « le mariage et l'enfantement tardifs doivent être encouragés »...

Mais, dans ce coin reculé de la Chine, l'autorité de l'État sait se montrer plus souple, moins regardante. On y est « loin du ciel et loin de l'empereur », c'est-à-dire moins soumis à la loi. La non-validité du mariage de Ma Shiping se réduit à une nuance juridique : mariage religieux et contrat entre les familles ont assurément plus de poids dans cette communauté traditionnelle qu'un bout de papier administratif.

Nous échangeons donc des cadeaux, des verres de thé, de petits gâteaux au miel et des quartiers de pomme épluchée, puis c'est la séance de photos avec le bébé, avec le mari, avec les deux frères de Ma Shiping... Si l'hospitalité de cette famille paysanne est sans faille, l'atmosphère n'en demeure pas moins lourde. En réalité, nous ressentons une profonde gêne, car, aux yeux de Ma Shiping, nous avons fait le bonheur de Ma Yan et refusé le sien. Mais tout reste dans le non-dit : personne ne cite le nom de Ma Yan.

Pourtant, la veille, Ma Yan nous a confié à quel point elle trouvait le sort de Ma Shiping « injuste » : « Elle a le même âge que moi, nous avons vécu ensemble depuis l'enfance, nous avons coupé l'herbe ensemble. À la cinquième année du primaire, j'ai failli arrêter mes études, mais vous m'avez aidée. Elle, elle a arrêté, et elle est déjà mariée avec un enfant. Je continue mes études, et elle est déjà comme une adulte ; c'est injuste pour elle, j'aimerais tant qu'elle étudie comme moi. »

Le mariage fait « peur » à Ma Yan parce qu'elle sait bien qu'elle aurait subi le même sort que sa cousine si l'initiative désespérée de sa mère n'avait rencontré la solidarité d'étrangers de passage. « C'est comme un piège. Tout sa vie sera comme ça, elle a toute la responsabilité de la famille, s'occuper des enfants, des vieux, de la culture de la terre… »

Cette situation est d'autant plus intolérable que ces deux jeunes filles, comme toutes celles que nous rencontrons depuis le début de notre histoire au Ningxia, sont parfaitement conscientes que le monde a changé autour d'elles. Nous-mêmes, en voyageant à travers le pays, avons bien perçu à quel point ce monde-là craque de toutes parts : ce que la révolution maoïste n'a pas réussi à faire, la nouvelle modernité urbaine le réalise sans effort. Les mères avaient accepté leur destinée sans sourciller. Pas la nouvelle génération. Les traditions reculent, ce qui ne rend que plus odieux le sort de Ma Shiping et de toutes celles qui se retrouvent privées de jeunesse et d'espoir.

Sans doute Ma Shiping a-t-elle subi trop passivement son destin, misant tout sur notre aide sans avoir tout tenté de son côté. Elle avait certes des capacités intellectuelles qui pouvaient lui laisser espérer un avenir meilleur, mais elle s'est heurtée à un triple mur : celui de la pauvreté, celui des préjugés et celui de la solitude. C'était trop pour une jeune fille qui n'est encore, à bien des égards, qu'une enfant.

J'ai lu et relu sa lettre. « Chaque jour, je rêve que je vais à l'école avec Ma Yan. Quand je me réveille, je réalise que c'est dans mon rêve... » Au dos de sa lettre, cette phrase rédigée d'une autre écriture : « Tout homme est égoïste. »

« Pour vivre, il vaut mieux être insensible »

Quand nous repartons de chez Ma Shiping, un lourd silence règne dans la voiture. Ma Shilong se décide le premier à le rompre : « Je m'en veux encore davantage après l'avoir vue. Sans moi, elle aurait aujourd'hui une vie meilleure. Au moins, ajoute-t-il, votre venue aura permis de rehausser son statut dans cette famille. Jusqu'ici, elle était considérée comme une folle et une inadaptée, car elle n'est pas docile comme les autres jeunes filles.

Elle ne sait pas broder ou servir ses beaux-parents sans broncher. Je sais qu'ils la critiquaient beaucoup, maintenant que des étrangers sont venus la voir et s'intéressent à son sort, elle va devenir quelqu'un de plus important, ça la protégera. »

Il ne reste qu'une seule consolation à Ma Shiping : que son « sacrifice » ne soit pas vain. Aussi nous remerciait-elle, dans sa lettre, de « l'aide apportée à [sa] petite sœur, pour qu'elle ne suive pas [son] chemin ». En elle subsiste, sans doute, l'espoir secret de voir sa propre fille connaître un avenir différent du sien.

Après notre visite, une nouvelle lettre de Ma Shiping nous parvient. Elle révèle à la fois le désespoir et la force de caractère de son expéditrice.

Tante He et oncle Han[1],

Vous allez bien ? Le travail est lourd ?

Aujourd'hui, alors que je suis là déjà depuis un mois, je peux faire des choses comme des gens normaux. Après l'accouchement, suis-je la même qu'autrefois ? Que ce soit mon cœur ou ma situation, aujourd'hui n'est plus hier. J'ai profondément compris que si l'on veut vivre bien, il vaut mieux être insensible.

Au moment où ma vie devenait sombre, vous m'avez envoyé une lettre comme une bougie allumée.

1. Elle change de titre par rapport à sa lettre précédente, dans laquelle elle s'adressait à He Yanping comme à une « grande sœur », se plaçant sur le terrain adulte. Dans celle-ci, elle redevient petite fille et parle de « oncle et tante ».

Votre venue m'a apporté des éléments nourrissants, ce qui fait que j'ai du lait à donner à ma fille. Vous m'avez non seulement aidée matériellement, mais vous m'avez aussi encouragée spirituellement. Votre amour envers moi et l'attitude de tante He ont atténué leur mentalité [de ses beaux-parents] *qui consiste à privilégier les garçons, à mépriser les filles. Vous savez, depuis que j'ai pris congé du dieu de la mort pour revenir, vous êtes les premiers à me rendre visite. Quand j'ai appris la nouvelle* [la veille] *que vous viendriez me voir, j'ai été si émue que je n'ai pu dormir la nuit. J'allais enfin vous voir, j'avais beaucoup de choses à vous raconter. Mais quand je vous ai vus le lendemain, je n'ai pu dire un mot. Je ne voulais que pleurer, mais je ne pouvais pas pleurer. Je ne suis pas une fille vulgaire, je ne peux pas vous faire partager ma peine. Je ne peux qu'avaler seule le fruit amer.*

L'homme n'a qu'une vie, l'herbe qu'un automne. Pour ma vie, j'ai pu vous voir chez moi, je suis déjà satisfaite. J'entends souvent dire qu'on est heureux quand on est content de ce qu'on possède. Aujourd'hui, je vois déjà la naissance d'une autre moi. Je ne veux pas qu'elle suive mon ancien chemin. Elle est mon espoir, je veux qu'elle comprenne pourquoi l'homme vit dans ce monde, pourquoi elle est venue dans ce monde.

Dans cette saison de remerciements, je vous remercie d'abord parce que vous avez donné une deuxième vie à ma fille. Et puis, également à moi : je peux exister parmi eux maintenant. Quand le don est trop grand, on ne dit plus merci. Je ne peux qu'implorer le bonheur pour toute votre famille, avec mon cœur sincère, une bonne vie pour des gens bien. Si vous avez le temps, j'espère sincèrement que vous pourrez venir souvent chez moi. Merci.

Vous lisez ma lettre malgré votre travail chargé, je m'incline pour vous remercier.

Mes meilleurs vœux pour tout, le bonheur familial.

PING, au sort amer,
28 décembre 2003.

P.-S. : j'ai oublié de vous dire que mon enfant a changé de nom, elle s'appelle Ye Siping.

« Siping », c'est-à-dire « pensez à Ping » : pensez à Ma Shiping ?

« Je veux être un talent de ce nouveau siècle »

En octobre 2003, avant notre visite à Ma Shiping, son jeune frère nous avait envoyé une lettre où il faisait preuve d'une incroyable maturité.

Haut comme trois pommes, ce garçon de douze ans en dernière année de l'école primaire nous accusait carrément de discrimination antigarçons, puisque nous réservons la plupart de nos bourses aux filles ! Sans doute marche-t-il sur les traces de son grand frère Shifang, le « révolté ».

*Je suis le petit frère de Ma Shiping et de Ma Shifang. Depuis que sœur Ping est mariée, et que vous aidez sœur Fang, moi, le fils qui faisait autrefois la fierté de ma mère, je suis laissé de côté. Les autres se moquent de moi. Comme je suis timide, je ne veux pas être quelqu'un sans intérêt. Chaque fois que ma sœur et d'autres enfants reçoivent de l'argent et vont à l'école avec joie, je dois attendre que mes parents empruntent auprès des gens de la famille ou des voisins. Savez-vous à quel point je ressens cette injustice ? Pourquoi, nous, les garçons, sommes-nous traités autrement ? J'ai besoin d'aide, moi aussi. Je ne veux pas être une personne inutile au XXI*e *siècle. Je veux être un talent de ce nouveau siècle, utile au peuple, au pays. Mais y arriverai-je ? Je ne peux pas épuiser plus mes parents, âgés de plus de cinquante ans. Je voudrais laisser tomber, mais je ne peux pas. Je n'ai que douze ans. J'ai besoin de quelqu'un pour m'indiquer le chemin. Finalement sœur Ping m'a dit que, peut-être, vous pourriez m'aider, me faire sortir de ma perplexité. Ce qui me rend perplexe, ce sont les professeurs. Ils ne sont pas qualifiés. Leur niveau est très bas. Comment peuvent-ils faire de nous des talents utiles ?*

Pauvre, on prend un fen [un centime] *pour un trésor, mais on n'échappe pas au sort du pauvre. Face à la pauvreté de ma famille, je ne peux que déplorer l'injustice de mon sort. Parfois, je suis réveillé la nuit par des cauchemars. Dans mon rêve, je perpétue le cercle vicieux du travail de la terre. Peut-être pouvez-vous m'aider à sortir de cette situation, à redevenir moi-même. Ma sœur et d'autres enfants que vous aidez avancent sans souci sur le chemin de la haute technologie, pour apporter un jour une contribution à notre grand pays. Croyez-moi, si vous me donnez un espace libre pour voler, j'aurai moi aussi des succès qui vous combleront.*

En Chine profonde, filles comme garçons aspirent à aller à l'école pour accéder au savoir. Ping, comme beaucoup d'autres, a bien compris que c'est le seul moyen d'échapper à ce qu'il appelle le « cercle vicieux du travail de la terre ». Ces jeunes gens aspirent à appartenir à cette Chine en pleine expansion, qu'ils entrevoient à la télévision, mais qui leur semble tellement éloignée de leur vie quotidienne.

Là où Ping se trompe, c'est quand il s'estime victime de discrimination. Car si sa scolarité s'interrompt, ce garçon sera certes condamné à vivre en paysan pauvre, mais en aucun cas il ne sera « vendu » comme l'a été sa sœur à un âge où il a droit à tous les rêves, tous les espoirs…

L'irrépressible tentation du suicide

Tout ce désespoir ne peut que déboucher sur cette autre réalité de la Chine d'aujourd'hui : un taux de suicide parmi les plus élevés du monde. Dans cet immense pays peuplé d'1,4 milliard d'habitants, on compte un suicide toutes les deux minutes – avec une nette majorité de femmes, pour la plupart issues du monde rural.

Ma Shiping ne nous a-t-elle pas écrit qu'elle a « pensé à mourir » ? Cent cinquante sept mille femmes se suppriment chaque année en Chine, indique le journal médical britannique *The Lancet*. Le suicide reste la principale cause de mortalité chez les moins de trente-cinq ans, principalement en raison de conflits familiaux et non pas à cause de désordres psychologiques. Selon Li Xianyun, une psychologue ayant participé à l'enquête du *Lancet*, « le manque de perspectives et de réseaux de soutien pour les femmes dans les régions rurales » joue un rôle important dans ce phénomène.

Le geste de ces malheureuses est rendu d'autant plus facile que le poison que nous connaissons en France sous le nom de mort-aux-rats, et qui s'appelle en Chine *dushuqiang*, est d'un usage très courant dans ces campagnes. Bien que le gouvernement ait cherché à en interdire l'usage, 58 % de celles et de ceux qui mettent fin à leurs jours ont recours au *dushuqiang*.

En novembre 2003, *Le Quotidien de la jeunesse de Chine*, organe de la Jeunesse communiste chinoise, évoquait le cas de deux jeunes filles de seize ans qui s'étaient suicidées à l'aide de pesticides dans un village du plateau du Qinghai, une région pauvre de l'ouest du pays, à quarante jours d'intervalle. L'une comme l'autre avaient été contraintes à un mariage forcé.

« Ce genre d'événements se produit souvent, reconnaît un expert. Il n'est pas limité aux cultures minoritaires ou aux zones rurales. Enraciné dans une histoire millénaire, le suicide des jeunes filles est trop facilement accepté et, dans la plupart des cas, se déroule en silence. » Il ajoute : « On aurait dû pouvoir éviter [cela]. Ces deux filles auraient dû recevoir plus de soutien de la part de leur école et de la société. » Il déplore enfin que « trop de jeunes gens acceptent leur sort et concluent des mariages dont ils ne veulent pas[1] ».

À la même époque, Ma Xiaoqin, une jeune fille originaire d'un village situé à 35 kilomètres de là, a été retirée de l'école à quinze ans, ses parents ne pouvant payer les frais de scolarité que d'un seul enfant :

Selon la coutume qui privilégie les garçons, ils m'ont retirée de l'école pour permettre à mon deuxième grand frère de finir ses études au lycée.

1. Cité par le *South China Morning Post*, Hongkong, 11 novembre 2003.

Peu de temps après, quelqu'un est venu me demander en mariage. Quand j'ai appris la nouvelle, c'est comme si un gros cailloux se posait sur mon cœur, étouffant mes sanglots. Mes parents ne m'ont pas demandé mon avis et ont accepté. Ils n'avaient pas d'autre choix, mon mariage leur permet de payer les frais de scolarité de mon deuxième grand frère et de rembourser les dettes de la famille.

On a célébré notre mariage le 14 février 2003. À partir de ce jour, je suis devenue adulte. Mais rien ne peut guérir les blessures de mon jeune cœur. Je ne peux pas m'empêcher de rester debout devant l'école, de projeter mes regards à l'intérieur, d'écouter par la fenêtre les leçons si familières. Comme j'aimerais passer de nouveau la porte ! Mais c'est impossible autrement que dans mon rêve. Même maintenant, quand je dors, je rêve que j'étudie à l'école, et je suis si contente, si heureuse ! Mais ce ne sont que des rêves.

Ma Xiaoqin s'est finalement proposée comme institutrice bénévole à l'école primaire de Zhang Jia Shu :

Je suis triste de voir les enfants travailler dans des conditions pareilles, mais je suis bien décidée à faire qu'ils ne deviennent pas comme moi. Il faut absolument qu'ils acquièrent les connaissances de base, je vais donc tous les jours à l'école avec mon gros ventre pour les faire travailler. Je ne gagne que 80 yuans par mois. Mon beau-père est très malade, mon mari travaille toute l'année à l'extérieur. La famille ne dépend que de moi. C'est difficile et fatigant, mais je continuerai jusqu'au bout de mes forces.

Lorsque nous lui rendons visite en décembre 2003, elle vient d'accoucher d'une petite fille, et se repose dans la très modeste maisonnette de sa belle-famille. Elle n'a pas de lait, ce qui plonge son entourage dans le désespoir : comment en acheter sans argent ? Le mari, un beau jeune homme coiffé comme le chanteur pop chinois dont la photo orne le mur, nous raconte qu'il avait remarqué Ma Xiaoqin au collège de la commune, et que c'est lui qui l'a demandée en mariage quand il a appris qu'elle n'allait plus à l'école. Chômeur depuis peu, il remplace sa femme à l'école primaire le temps qu'elle récupère des fatigues de l'accouchement.

Dans cette chambre misérable où règne l'odeur âcre du charbon, nous n'avons pas eu le cœur, quelques jours après l'accouchement, de questionner le jeune mari sur l'âge de son épouse ou sur son consentement dont il s'est passé… Nous avons pris la photo du « rêve chinois » tel que l'exprimait l'écrivain Lao She dans la première moitié du XXe siècle : « Quatre générations sous un même toit[1]. » De l'arrière-grand-mère de plus de

1. Lao She, *Quatre générations sous un même toit*, Mercure de France, 3 vol., 1996, 1998, 2000.

quatre-vingts ans au bébé né quelques jours plus tôt, c'est l'image d'un bonheur familial qui cache de grandes douleurs.

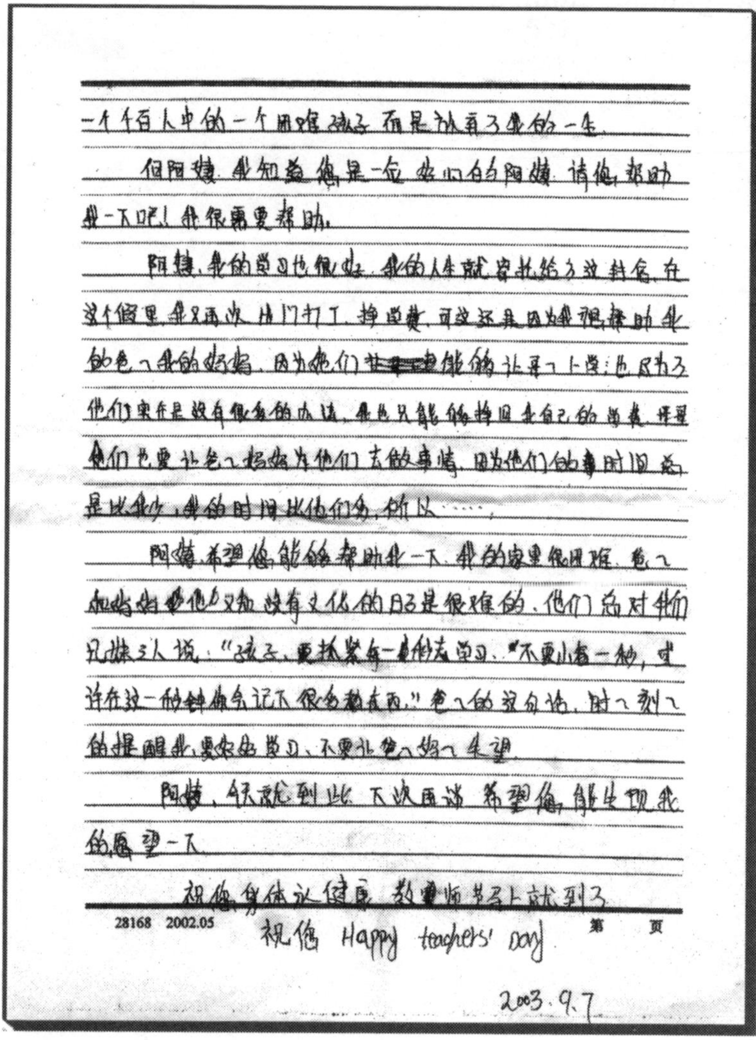

一个千百人中的一个困难孩子，而是认真了我的一生。

但阿姨，我知道您是一位好心的阿姨，请您帮助我一下吧！我很需要帮助。

阿姨，我的学习也很好，我的人生就寄托给了这封信。在这个假里，我又再次出门打工，挣学费，可这还是因为我想帮助我的爸爸我的妈妈，因为他们能够让我上学，也尽力了。他们实在是没有很多的办法，我也只能够挣回我自己的学费。我想他们也要让爸爸妈妈为他们去做事情，因为他们的时间总是比我少，我的时间比他们多，所以……

阿姨，希望您能够帮助我一下。我的家里很困难，爸爸和妈妈都他们没有文化的日子是很难的。他们总对我们兄妹三人说："孩子，要抓紧每一秒钟去学习。""不要小看一秒，也许在这一秒钟你会记下很多的东西。"爸爸的这句话，时时刻刻的提醒我，要好好学习，不要让爸爸妈妈失望。

阿姨，今天就到此，下次再谈。希望您能实现我的愿望一下。

祝您身体永健康，教师节马上就到了。

28168 2002.05　第　页

祝您 Happy teachers' day

2003.9.7

III

Li Xiaoyan, ou le combat pour l'instruction

Chère tante,

C'est la troisième lettre que je vous envoie, je ne sais pas si vous avez reçu les deux précédentes. Je m'appelle Li Xiaoyan, j'ai quatorze ans, je suis en deuxième année du collège, classe deux. J'ai arrêté l'école pendant un an et demi, avant la première année, parce que ma famille est pauvre.

Pourtant, j'aime aller à l'école, j'aime étudier. Mais je n'ai pas les moyens de faire que mon souhait se réalise pour toujours. Mes parents sont tous les deux malades, mais ils n'ont jamais pensé rester à la maison pour se soigner. Ils se lèvent tôt, se couchent tard tous les jours pour travailler, pour gagner de l'argent, pour tenter de faire que leurs trois enfants aillent à l'école.

Comme mon père n'a vraiment pas les moyens, pouvez-vous m'aider ? Vous m'avez rencontrée, mais vous n'avez pas fait attention à moi. Ce jour-là, vous et d'autres oncles et tantes êtes arrivés dans notre commune, une des tantes m'a même interviewée. Depuis ce jour, j'espérais que vous vous souviendriez de moi. Mais non. Je ne peux pas arrêter de vous solliciter, parce que, si j'abandonne, c'est toute ma vie que j'abandonne.

Je sais que vous êtes une tante de bon cœur. Je vous prie de m'aider. J'ai vraiment besoin d'aide.

J'étudie très bien. C'est toute ma vie qui est en jeu dans cette lettre. Aux dernières vacances, je suis allée travailler pour gagner mes frais de scolarité. Je veux aussi aider mes parents, ils ont fait tout ce qu'ils ont pu pour gagner les frais de l'école de mes frères. Moi, je dois gagner moi-même mes propres frais. Mes frères laissent les parents faire des choses pour eux, parce qu'ils ont très peu de temps, mais moi j'ai plus de temps qu'eux, donc…

J'espère que vous pouvez m'aider, car ma famille est dans une situation très difficile. Papa et maman savent que la vie sans éducation est très dure. Ils nous disent souvent : mes enfants, utilisez chaque seconde pour étudier. Cette phrase de mon père me vient tout le temps à l'esprit, me pousse à mieux étudier, à ne pas décevoir mes parents.

Je m'arrête pour aujourd'hui, je vous en parlerai la prochaine fois. J'espère que vous m'aiderez à réaliser mon souhait.

Bonne santé.

LI XIAOYAN,
7 septembre 2003.

S'il existe un mot pour décrire Li Xiaoyan, c'est sans doute celui de « ténacité ». Il lui a fallu une bonne dose d'acharnement et d'obstination pour en arriver là où elle est aujourd'hui, c'est-à-dire sur un banc du collège de Yuwang. A-t-on jamais vu une telle rage d'étudier ? Ma Yan nous avait impressionnés par sa détermination : Li Xiaoyan est allée plus loin encore pour prendre son destin en main.

C'est vrai que nous l'avions croisée en février 2003, lors d'une visite au collège de Yuwang : cette jeune fille en larmes dans le bureau du directeur, c'était elle. Elle plaidait pour être prise en cours d'année scolaire. Mais nous n'y avions guère prêté attention, ignorant tout de son histoire.

Quelques mois plus tard, cette lettre nous parvient alors que nous avons déjà adressé à toutes les familles sélectionnées les bourses de l'année scolaire. Mais son ton retient notre attention et nous touche. « Si j'abandonne, c'est toute ma vie que j'abandonne. » Difficile de l'ignorer.

Nous nous renseignons. Et nous « adoptons » aussitôt Li Xiaoyan. Lorsque nous la rencontrons en décembre 2003, nous comprenons que nous avons eu raison d'aider cette belle jeune fille aux cheveux courts, au regard têtu, à l'air immensément triste.

Sa situation est tout ce qu'il y a de plus classique dans cette région. Li Xiaoyan a deux grands frères et une grande sœur, mariée à dix-sept ans. Sa mère, malade, a dû subir une opération chirurgicale – que la famille a payée en vendant un bœuf et en empruntant 2 000 yuans. Li Xiaoyan a arrêté sa scolarité à la fin de l'école primaire, après cinq années d'études, alors que la loi en prévoit neuf obligatoires. L'un de ses frères a lui aussi été retiré de l'école.

Dans la plupart des cas, la jeune fille qui ne va plus à l'école aide sa famille à la maison et attend sagement l'heure du mariage arrangé par ses parents, une heure qui arrive plus ou moins tôt selon les besoins financiers… Li Xiaoyan, elle, a refusé tout net. « J'ai eu trop peur de ne plus retourner à l'école », nous explique-t-elle. Elle s'est mise à travailler pour gagner, toute seule, ses frais de scolarité, espérant ainsi convaincre ses parents de la laisser aller au collège.

À peine âgée de douze ans, elle a ramassé le *fa cai*, cette herbe des steppes de Mongolie intérieure – pendant de longues semaines, à plusieurs centaines de kilomètres de chez elle, elle a dû dormir à la belle étoile et passer la journée courbée au-dessus des plants[1]. Puis, avec l'aide d'une tante, elle a trouvé un véritable emploi : serveuse dans un restaurant d'une ville minière située à

---

1. *Fa cai* signifie « s'enrichir », un jeu de mots qui lui donne une valeur particulière, et justifie un prix de vente élevé, auprès des consommateurs superstitieux des riches régions du sud-est de la Chine. Cette plante, par ailleurs sans qualité nutritive ni saveur dignes d'intérêt, est devenue très prisée, à tel point que les autorités ont fini par interdire sa cueillette, qui favorise l'avancée du désert et contribue aux grandes tempêtes de sable qui, depuis des années, polluent jusqu'au ciel de Shanghaï. Officiellement, le trafic a pris fin. Dans la réalité, rien n'a changé.

80 kilomètres de son village. Logée, nourrie, et payée une misère : 100 yuans par mois, pas même le salaire minimal légal, et surtout pas de quoi aller très loin dans la Chine d'aujourd'hui.

Huit mois d'un labeur totalement illégal, puisque la Chine interdit le travail des enfants avant seize ans. « C'était difficile. Quand je me couchais le soir, j'avais les jambes gonflées à force d'être debout et de servir. Mais mes parents vivaient trop difficilement et je voulais les aider », se justifie-t-elle au bord des larmes.

Ma Yan et Ma Xiaomei, sont là, qui l'écoutent. Elles ont elles aussi les yeux brillants d'émotion.

Au bout de huit mois, la jeune fille craque. L'envie de revoir ses parents est trop forte, en particulier sa mère qui a, entre-temps, été opérée et se remet difficilement. « Je voulais économiser pour payer l'école, mais je ne pouvais plus continuer. Je m'en veux d'avoir craqué, je n'y croyais plus. »

Alors qu'elle s'apprête à retourner au restaurant, un de ses oncles intervient : il l'aide à compléter ses frais de scolarité. Restait à convaincre le directeur du collège de l'accepter en cours d'année – la raison de cette crise de larmes à laquelle nous avions assisté sans comprendre. Cette jeune fille douée, bonne élève, a rattrapé le temps perdu sans trop de difficultés.

À la rentrée de septembre 2003, pour son passage en deuxième année de collège, les difficultés financières de la famille s'accroissent. C'est alors qu'elle nous envoie cette lettre insistante en forme de SOS.

« Même si vous n'aviez pas accepté de m'aider, j'aurais continué, je serais allée ramasser le fa cai pour payer l'école », nous confie-t-elle.

Aujourd'hui, Li Xiaoyan bénéficie d'une bourse de l'association jusqu'à la fin de ses études. Elle a repris confiance, et, surtout, elle ne pèse plus sur le budget familial, toujours obéré par l'opération chirurgicale de la mère.

Sa famille vit toujours pauvrement. « Ma mère est guérie. Elle cultive la terre et vend de petites choses dans la rue à Yuwang. Toute l'économie de la famille repose sur elle, car mon père est trop faible, il ne peut pas travailler. Je suis très fière d'elle. »

Comme sa mère peut être fière de sa fille. « Mon rêve est désormais d'aller jusqu'à l'université, d'avoir un bon métier et de sortir mes parents de la difficulté. Si je travaille dur, je pense que je pourrai le réaliser », conclut la jeune fille avec un bel optimisme.

« Quitter un jour cette montagne pour rejoindre le monde »

Li Xiaoyan, comme toutes les filles que nous rencontrons, est persuadée que l'école est la seule voie possible pour sortir de la pauvreté qui sévit dans leur région et s'affranchir de traditions que la nouvelle génération juge « féodales ». Dans le flot de courrier qui nous arrive des enfants du Ningxia, c'est la motivation qui revient le plus souvent : étudier pour ne pas subir le même sort que ses parents.

En septembre 2003, Ma Dongmei nous remercie de lui avoir accordé une bourse pour la rentrée scolaire :

Quand j'annonce la nouvelle pleine d'amour à mes parents et à mes frères et sœurs, ils ont tous le sourire sur le visage. Seule ma mère pleure. Elle me dit : « Ma fille, je t'ai donné la naissance, je peux te donner mon amour, mais tes oncles et tantes te donnent non seulement de l'amour, mais aussi le soutien. Ils sont plus proches de toi que moi. S'il n'y avait pas ces gens qui aident les autres, tu ne ferais pas d'exception, tu suivrais le chemin tortueux de ton père. »

Je comprends ce que veut dire ma mère, pourquoi elle dit que je ne ferais pas exception. Mon père travaille dans l'ombre des autres, vit dans une société capitaliste. Parfois, il n'est pas payé pour son travail, parfois il n'en trouve pas et se passe de manger pendant plusieurs jours. Il n'a même pas fait un an d'école. Pour lui, gagner de l'argent, c'est comme grimper une montagne – sans parler des malheurs qui se dressent sur la route. Partout on le traite comme un esclave. C'est pourquoi ma mère me parle d'exception.

Une autre étudiante résume parfaitement dans sa lettre l'état d'esprit des paysans :

Je vis à la campagne, et, pour les paysans, la nourriture dépend du climat ; la raison de la pauvreté de notre village, les gens de la génération de mes parents la connaissent, et donc ils ont décidé d'envoyer les enfants à l'école, car ils pensent que l'on peut changer notre niveau de vie à travers les connaissances.

Ce sont donc des parents illettrés qui transmettent à leurs enfants cette rage d'apprendre. Ma Chenglong, un collégien de Yuwang, après nous avoir décrit les malheurs de sa famille, conclut avec gravité :

Père et mère ont compris par leurs expériences qu'aller à l'école est la seule issue. Ils ont cette volonté, mais ils n'ont pas les moyens. Notre grand frère a déjà arrêté l'école, et nous trois risquons aussi l'arrêt. [...] Je ne suis qu'un collégien, mais je connais déjà les fardeaux lourds de la vie.

Et lorsqu'on leur donne la possibilité d'étudier, les élèves s'y accrochent, telle Ma Dongmei :

Quand je vois les camarades de ma classe qui travaillent jour et nuit, je n'ai plus peur. Je plonge aussi dans les études. Je n'ai qu'un but : entrer dans un bon lycée pour recevoir une bonne éducation. Et si j'y arrive, je ne m'arrêterai pas là. Je ne réaliserai peut-être pas mon idéal, mais je ferai des efforts.

Wei Xiaoqian, une boursière de l'association, souhaite nous faire part de sa gratitude :

Je suis très émue que vous m'aidiez, et d'avoir obtenu votre aide et votre attention. C'est seulement grâce à cela que j'ai pu gagner honneur et réussite à l'école. Cela, je ne pourrai jamais l'oublier. Je vous en suis très reconnaissante. Peu importe pour qui, je ferai toujours des efforts. Le professeur est très bien avec moi : dimanche, en discutant, il m'a dit de bien étudier, qu'il faut persister chaque jour quelle que soit la difficulté, et qu'après cinq ans l'école pourrait nous recommander pour faire un cycle universitaire, je ne veux pas laisser passer cette occasion, ne vous inquiétez pas ! Ayez confiance en moi.

C'est avec un enthousiasme non moins vif que Ma Liya, une collégienne boursière de Yuwang, écrit au couple italien qui finance sa scolarité :

Vous êtes mes sauveurs, même mes parents ne peuvent pas me donner ce sentiment de générosité. Je ne sais pas comment vous remercier. Je vous promets : j'utiliserai cette chance pour bien étudier, progresser, et quitter un jour cette montagne pour rejoindre le monde. Je ne vivrai pas comme mes parents qui ont passé toute leur vie dans l'obscurité. Je ne vous décevrai pas. C'est mon rêve d'enfance. Bienvenue dans mon rêve et merci de faire de mon rêve une réalité.

Ce qui frappe à la lecture de ces lettres, ce sont les expressions incroyables qu'emploient les enfants pour parler de l'école. Les petits paysans du Ningxia placent l'éducation sur un piédestal. « Paradis de l'intelligence humaine » ou « océan des connaissances », l'école est là-bas ce qu'elle était en France au début du XXe siècle : la voie royale du savoir et de la réussite.

« Le désengagement de l'État »

La logique voudrait que l'État encourage une telle disposition d'esprit. Pourtant, il a largement abandonné à leur sort les plus pauvres d'entre les pauvres, préférant consacrer ses efforts et ses moyens à la constitution d'une élite urbaine censée tirer le pays vers la modernité. Une situation doublement paradoxale : ce pays se dit officiellement communiste, mais néglige le progrès social. La civilisation chinoise a toujours apporté la plus grande attention aux enfants, mais ils sont des millions à ne pouvoir poursuivre leur scolarité.

La Chine enregistre un taux de croissance record depuis plus de vingt ans (+ 9,1 % en 2003). Le niveau de vie moyen des citoyens s'est élevé, et une importante classe moyenne, qui profite enfin des bienfaits de ces progrès, a vu le jour. Néanmoins, le pouvoir semble faire fausse route en ce qui concerne certaines de ses priorités.

À l'automne 2003, la politique chinoise d'éducation a été passée au crible par un rapporteur spécial des Nations unies, Katarina Tomasevski. Ses conclusions figurent dans un rapport soumis au printemps 2004 à la Commission des droits de l'homme de l'ONU[1]. La conclusion est accablante : la Chine est en passe de devenir le pays le plus inégalitaire au monde en matière d'accès à l'éducation. « Elle va se retrouver au bas de l'échelle de l'ensemble des pays du monde pour les dépenses publiques d'éducation, quel que soit le critère employé », pronostique Katarina Tomasevski, qui est sortie déprimée de ses entretiens avec les responsables du ministère de l'Éducation : « Je n'ai rien entendu qui me permette d'espérer un changement profond », déclare-t-elle lors d'une conférence de presse à Pékin. Et elle précise même, un brin cynique : « Le gouvernement chinois peut

1. *The Right to Education,* Mission to the People's Republic of China, Special Rapporteur, Katarina Tomsevski, Economic and Social Council, United Nations. Ref : E/CN.4/2004/45/Add.1, 21 November 2003.

sereinement diminuer ses dépenses d'éducation, car il sait que les parents seront prêts à tous les sacrifices pour assurer l'avenir de leurs enfants. » Elle aurait pu ajouter, si elle avait rencontré Li Xiaoyan, que les enfants chinois les plus démunis sont eux-mêmes prêts à tout pour bénéficier de cette éducation qui leur est rendue si difficile d'accès.

Ainsi, en 2001, Pékin dépensait 3,19 % du PIB chinois pour l'éducation, alors que la recommandation de l'Unesco est de 6 %, et que des pays en développement comme la Corée du Sud ou le Brésil dépassent les 5 % ! Et encore, dans ces dépenses, les villes chinoises se taillent-elles la part du lion, alors que les deux tiers de la population vivent toujours à la campagne.

Seulement 53 % des dépenses totales pour l'éducation proviennent de fonds publics, le gouvernement central n'y participant qu'à hauteur de 8 %, dont tout juste 2 % destinés aux neuf années d'enseignement obligatoire. Le reste du financement est assuré par les familles, ponctionnées par ailleurs de tous côtés. La Chine est, de ce fait, selon un rapport de l'OCDE (Organisation de coopération et de développement économique) datant de 2002, le pays au monde, avec le Chili, où le financement privé de l'éducation est le plus élevé : 44 %, contre 12 % en moyenne dans les pays de l'OCDE.

« C'est contraire à la pratique internationale selon laquelle l'enseignement obligatoire doit être gratuit. Or, en Chine, près de la moitié des dépenses d'éducation sont déjà privées, avant même l'entrée en vigueur de la loi sur l'enseignement privé qui va accentuer ce phénomène », s'insurge Katarina Tomasevski. « Tous les enfants de six à quinze ans devraient être à l'école, poursuit-elle. Mais le coût de l'enseignement public supporté par les particuliers est un obstacle à la fréquentation des écoles et la principale raison de l'absentéisme et de l'abandon scolaire. » Puisque l'enseignement n'est ni « disponible » ni « accessible », il s'agit ni plus ni moins pour elle d'une violation des droits de l'homme.

Les lettres que nous recevons du Ningxia confirment à leur manière cette évolution inquiétante. Il est clair que le fossé croissant entre une élite fortunée, qui a les moyens de s'offrir des écoles privées dotées d'un matériel pédagogique dernier cri et des meilleurs enseignants, et les plus pauvres des paysans, pour lesquels les frais de scolarité constituent un fardeau insupportable, est en train de constituer une Chine à plusieurs vitesses. Des millions d'enfants, aujourd'hui privés d'un enseignement théoriquement obligatoire pendant neuf ans, formeront dans les années à venir un immense réservoir humain propice à toutes les exploitations. Selon le rapport de Katarina Tomasevski, ces « nouveaux illettrés » sont à 80 % des filles.

Il est à noter que le « droit à l'éducation », qui figure dans la Déclaration des droits de l'enfant des

Nations unies, ou plus récemment dans la Convention relative aux droits de l'enfant de 1989, n'est pas clairement reconnu en Chine, selon elle. Lorsque j'y ai fait allusion dans la préface du *Journal de Ma Yan*, on m'a reproché d'avoir recours à un concept « subversif ». Vieille réthorique héritée d'un long passé d'isolement au cours duquel toute revendication de « droits » était systématiquement réprimée.

La grande misère des écoles rurales

Il n'est pas étonnant, dès lors, que les enfants eux-mêmes considèrent qu'ils sont un fardeau trop lourd pour leurs parents, à l'image de cette jeune fille qui nous écrit : « Mon père se fait des cheveux blancs pour nourrir notre famille. Et il faut en plus que je lui demande d'aller à l'école. N'est-ce pas rajouter encore à ses ennuis ? »

Officiellement, l'enseignement est gratuit en Chine. Mais les réformes libérales des années 1980 et 1990, au sortir du « tout-État » de l'ère maoïste, ont eu un effet pervers : la charge de l'éducation a été progressivement décentralisée, et de fait transférée aux parents. L'État ne paye plus que la construction des bâtiments scolaires et les salaires des enseignants. Tout le reste, c'est-à-dire les frais de fonctionnement (électricité, chauffage...), le matériel pédagogique, les livres, est à la charge des parents, sous forme de taxes spéciales. Dans les régions riches, la municipalité peut certes subventionner l'école, mais plus la commune est pauvre, plus elle fait appel aux parents... Un contresens social absolu, qui devient obscène lorsqu'on découvre que l'éducation primaire et secondaire arrive juste après l'immobilier parmi les secteurs où les marges de profit sont les plus élevées. Selon l'enquête du magazine économique *China Securities Journal*, publiée en janvier 2004, les prélèvements abusivements imputés aux parents d'enfants scolarisés ont atteint 200 milliards de yuans en dix ans. L'administration, elle, a découvert quelque 21 milliards de « prélèvements illégaux » en 2003, lors d'inspections réalisés dans soixante mille établissements scolaires.

Pendant ce temps, dans un collège public de Tongxin, le directeur, qui s'est débrouillé pour acheter des ordinateurs d'occasion auprès du fabricant, est obligé de réclamer aux parents une taxe de 50 yuans par semestre pour le bon fonctionnement de la salle informatique. Au lycée de Tongxin, en plein hiver, on n'allume la lumière qu'au dernier moment, et il n'y a pas de chauffage. À l'école primaire de Zhang Jia Shu, si les plus pauvres des paysans chinois ne payent pas, il n'y a pas un centime de disponible pour acheter du charbon quand les températures descendent à – 15 °C... Lors de notre passage en décembre 2003, cette école était endettée parce que les parents d'élèves, ruinés par la sécheresse, ne pouvaient pas payer les 36 yuans exigés chaque semestre.

Au collège de Yuwang, où étudie Ma Yan, la vétusté du bâtiment est telle que le toit s'est écroulé sur le bureau du directeur. Depuis, les professeurs vérifient chaque soir l'état de la toiture des dortoirs de crainte d'une catastrophe similaire. La construction d'un nouveau bâtiment a été interrompue au printemps 2003, faute d'argent, et n'avait toujours pas repris à la fin de l'année.

Alors que l'accès à l'éducation est considéré comme l'un des moyens les plus efficaces pour rompre le cercle vicieux de la pauvreté, la politique actuelle a pour victime les plus misérables, ces quelque cent cinquante millions de Chinois qui continuent à vivre avec moins de un dollar par jour. « Il est vital que les enfants des régions pauvres reçoivent une éducation primaire, estime Jonathan Unger, auteur d'une étude sur “la transformation de la Chine rurale[1]”. L'illettrisme les condamnerait à la pauvreté à vie, [les rendant] incapables de tirer profit de nouvelles techniques agricoles ou de trouver un emploi dans l'industrie moderne. » Or, souligne-t-il, « le système éducatif est aujourd'hui en crise dans de nombreux districts, où rien n'a changé depuis l'époque maoïste ».

1. Jonathan Unger, *The Transformation of rural China*, New York, East Gate Books, 2002.

Parmi ces districts pauvres, ceux des minorités nationales sont encore plus marginalisés. Au Ningxia, selon les statistiques officielles, le taux d'analphabétisme est deux fois plus élevé chez les Hui que dans l'ethnie dominante Han. Et il atteint 65 % chez les femmes. Commentaire du très modéré quotidien anglophone de Hong Kong, *South China Morning Post* : « Sur le continent, le fossé entre riches et pauvres grandit chaque jour un peu plus. Le système éducatif, qui devrait jouer un rôle pour atténuer ces différences, les exacerbe au contraire. Pour preuve, les subventions accordées aux lycées : le gouvernement fournit 813 yuans par an et par élève dans les villes, mais seulement 486 yuans dans les zones rurales. [...] Les enfants sont les perdants dans ces circonstances, surtout ceux des familles pauvres qui ne peuvent pas se permettre de se payer une place à l'école. »

James Heckman, Prix Nobel d'économie, parle de la « myopie » des autorités chinoises vis-à-vis du « capital humain ». Invité à participer à une conférence à Pékin, fin 2003, il avait souhaité intituler son intervention « La Chine néglige l'investissement dans le capital humain ». Devant les protestations de ses hôtes, il a opté pour « L'investissement chinois dans le capital humain »...

La grande misère des écoles rurales serait peut-être moins choquante si, en milieu urbain, les autorités n'assuraient aux enfants des conditions d'enseignement dignes des pays développés, et si l'éducation chinoise en général n'avait enregistré de réels progrès depuis vingt ans. L'égalitarisme forcené de l'ère maoïste a fait place à un grand écart social. Un quotidien officiel rapportait, à l'automne 2003, qu'une délégation d'enseignants de la campagne invitée à un colloque à Pékin avait préféré se retirer après s'être rendue dans un établissement scolaire de la capitale : « Nous étions en colère après avoir visité une école, car il y a une trop grande différence avec la nôtre, nous ne pourrons jamais les rattraper[1]. »

Quelle aurait été leur réaction s'ils avaient visité un établissement privé comme l'école Hui Jia, dans la banlieue nord de Pékin ? Le long des couloirs fraîchement repeints de l'école Hui Jia, des citations encadrées symbolisent l'état d'esprit dans lequel sont formés les jeunes Chinois appelés à devenir l'élite de demain. On y trouve pêle-mêle des phrases de Descartes, de Gide ou de Zola, mais aussi de Staline (« La vie n'a pas de sens si on n'a pas d'idéal… »), ou de penseurs chinois comme Tao Xingzhi (« Je suis chinois et j'aime la Chine. La Chine est grande et sera encore plus grande dans l'avenir ») ou Qian Weichang (« Je consacrerai tout mon savoir et ma sagesse à rendre la nation chinoise plus prospère et plus puissante »). Salles de classe modernes et propres, batteries

1. *China Daily*, 8 octobre 2003.

À Yuwang, au cœur des terres arides du Nord-Ouest de la Chine,
le photographe public fait poser Ma Yan sur fond de plage et de cocotiers…
Ma Yan nous a envoyé cette photo souvenir peu après notre rencontre en mai 2001.

En 2001, dans la cour de son collège, Ma Yan est alors une jeune fille désespérée de devoir abandonner ses études.

En 2001, Ma Yan et ses parents. Le lien qui unit la mère et la fille leur donne la force de lutter contre la fatalité.

Sur le marché public de Yuwang, un médecin de fortune propose des remèdes miracles aux paysans qui n'ont pas les moyens d'aller à l'hôpital.

Décembre 2003, Bai Juhua et Ma Dongji à Yuwang.
Les conditions de vie de la famille de Ma Yan se sont améliorées, l'angoisse du lendemain a disparu.

Bai Juhua circule désormais en moto sur les pistes défoncées de Zhang Jia Shu.
Un signe extérieur de prospérité dans cette région défavorisée.

Ma Shiping, prise en photo
chez le photographe public de Yuwang, en 2002.
Elle est la cousine, l'amie,
et parfois la rivale de Ma Yan.

Le mariage de Ma Shiping, en janvier 2003.
Elle a à peine quinze ans, et son mari vingt.
Légalement, les garçons ne peuvent se marier
avant d'avoir atteint vingt-deux ans,
et les filles vingt ans, mais, dans les provinces reculées,
le poids des traditions est plus fort que celui des lois.

Ma Shiping et son mari dans leur chambre nuptiale, en décembre 2003. Leurs meubles flambant neufs tranchent avec le dénuement des autres pièces de cette maison paysanne traditionnelle.

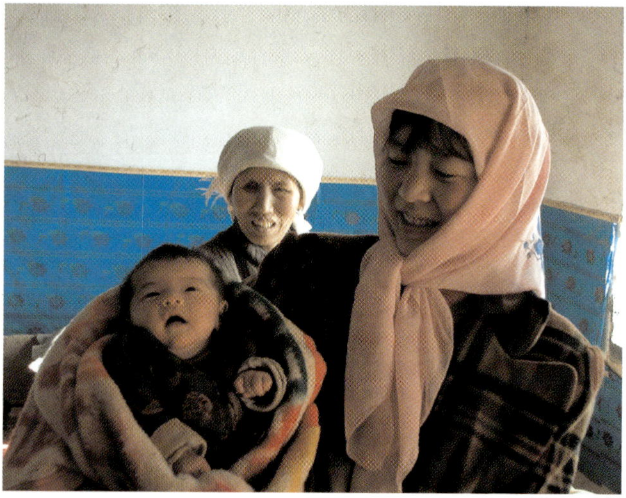

Ma Shiping et sa fille, Siping, alors âgée de trois semaines. Au deuxième plan, sa belle-mère.

Le beau-père de Ma Shiping : « Ma femme devient aveugle, si je n'avais pas marié mon fils, qui m'aurait préparé à manger ? »

Grâce à l'aide apportée par l'association des Enfants du Ningxia à l'école primaire de Zhang Jia Shu, l'enseignement y est gratuit depuis décembre 2003.

Ma Xiaoqin, institutrice bénévole à Zhang Jia Shu, a elle aussi été mariée contre son gré. Son bébé dans les bras, elle est entourée de son mari, de sa belle-mère et de la grand-mère : « Quatre générations sous un même toit ». L'idéal chinois a ici un goût amer.

Chaque matin, le ventre creux, les collégiens de Yuwang font le tour de la commune au pas de course. Les villageois ont pris l'habitude de sortir devant leur porte pour les voir passer.

Dans une classe du collège de Yuwang. Sur le tableau noir, d'un côté la faucille et le marteau, de l'autre un appel à l'aide en anglais.

d'ordinateurs de la dernière génération, enseignants bien formés et bien payés, deux piscines et un bowling à six pistes, plusieurs restaurants, magasins, etc. Lorsque les parents viennent chercher leurs enfants en fin de semaine, c'est un déploiement de voitures de luxe. De telles écoles haut de gamme, on en compte des milliers à travers le pays, jusqu'au niveau universitaire. Avec deux mille élèves, Hui Jia est devenu l'un des phares d'un enseignement privé qui surfe désormais sur la notion de profit. Une notion jusque-là bannie du secteur éducatif mais qu'une nouvelle loi vient de réhabiliter.

La bonne conscience des élites dirigeantes reste toutefois intacte. « La loi [sur l'enseignement privé] clarifie la nature de nos écoles, elle élimine les discriminations entre les deux systèmes scolaires », se réjouit par avance Wang Zhize, le directeur de Hui Jia, un ancien cadre de l'enseignement public (quarante ans de service) passé dans le privé à sa retraite. « La loi n'a pas pour objectif de faire faire des profits, mais elle garantit les investissements. Elle fait partie intégrante du socialisme aux couleurs chinoises. Avant, beaucoup de gens pensaient que nous étions des écoles capitalistes. Maintenant, ils sauront que nous sommes socialistes, ajoute-t-il le plus sérieusement du monde. La loi sur les écoles privées correspond à l'esprit du

XVIe Congrès du Parti communiste chinois, dans son objectif d'aller vers la société de *Xiaokang* ["petite aisance"]. »

« Ça n'arrivera pas jusqu'ici... »

L'abandon des populations campagnardes n'est pas un sujet tabou en Chine. La presse chinoise ne se prive pas de rapporter des drames comme celui de ce paysan, père de famille de la province du Shanxi, qui, en septembre 2003, s'est suicidé parce qu'il ne pouvait plus assumer les frais d'inscription de sa fille à l'université. Le ministère de l'Éducation lui-même reconnaît que le fossé continue de se creuser entre écoles des villes et des campagnes, et le nouveau Premier ministre, Wen Jiabao, nommé en mars 2003, a promis de s'attaquer à ce problème. L'épidémie de Sras (syndrome respiratoire aigu sévère) a sans doute contribué à faire comprendre que « les questions non économiques sont également essentielles au développement de la Chine », comme l'écrit un quotidien officiel. Dans un pays officiellement communiste, il faut avoir oublié les fondements du marxisme pour découvrir cela au début du XXIe siècle.

Dans un discours prononcé le 29 octobre 2003, peu après le passage du rapporteur de l'ONU, Wen Jiabao a qualifié l'amélioration de l'éducation rurale de « tâche la plus cruciale » du gouvernement. « De meilleurs niveaux d'éducation aideront à améliorer le niveau de vie, à réduire le fossé entre les revenus, à améliorer la justice sociale et à aider à la croissance de l'économie nationale. » Le Premier ministre a demandé la création de fonds spéciaux au niveau des provinces pour garantir l'investissement dans le secteur éducatif. Et il a appelé à prendre des « mesures efficaces substantielles » pour subventionner les enfants ayant des difficultés financières.

Deux mois plus tard, dans le district de Tongxin, l'un des plus pauvres de Chine, pas un des directeurs d'établissement scolaire que nous avons pu rencontrer n'avait entendu parler de ce discours ou de la moindre mesure de soutien. L'un d'eux, endurci par des années de mépris de la part de l'administration, nous a même ri au nez à l'évocation de ces « fonds spéciaux »... « Ça n'arrivera pas jusqu'ici », a-t-il assené, fataliste. Un autre nous a confié qu'il devait envoyer à la direction de l'Éducation de son district l'argent collecté auprès des parents, et que son établissement devait être ensuite remboursé de ses frais de fonctionnement, mais que, dans la pratique, l'argent revenait rarement... « Dans mon bureau, nous confie encore un fonctionnaire de Yinchuan, des collectes pour les enfants pauvres de la province sont organisées. Je refuse d'y participer, non pas par égoïsme, mais parce que je sais qu'entre moi et les enfants concernés il y a six niveaux intermédiaires et qu'à l'arrivée il ne reste plus rien. »

Dans un tel contexte, il va de soi que les promesses du Premier ministre ne seront crédibles que lorsque ces hommes de terrain pourront témoigner de leur mise en œuvre. En 2003, le gouvernement a toutefois pris des engagements précis pour les cinq ans à venir – 2008 étant l'année des Jeux olympiques de Pékin : application stricte de la loi prévoyant neuf ans d'enseignement obligatoire pour tous les enfants chinois ; campagne d'alphabétisation des enfants et des jeunes adultes dans les régions de l'ouest de la Chine – l'objectif étant de réduire à moins de 5 % le taux d'analphabétisme des jeunes, actuellement de 15 % ; enfin, gratuité de l'enseignement pour les enfants des familles pauvres. On se réjouit de ces engagements, même lointains, mais la prudence reste de rigueur.

« Voici de bonnes nouvelles ! s'exclame néanmoins un journal gouvernemental. Le peuple peut légitimement s'attendre à ce que l'éducation rurale soit bien meilleure demain, maintenant que le gouvernement central en a fait une priorité absolue. » En avril 2003, Ma Tinglan, une jeune fille de Zhang Jia Shu, nous écrivait, désespérée, après avoir été retirée de l'école par ses parents, si pauvres qu'ils vivent dans une grotte : « Le ciel est contre moi. Je suis arrivée au bout du chemin et je dois arrêter l'école. Je suis très triste, mais être triste ne sert à rien, on ne peut pas retourner dans le passé. Comme j'ai été heureuse dans le passé ! »

何阿姨：

您好，现在我遇到了一件让我的心无法平静、大脑无时无刻都不乱想的问题。我不知道该怎么办？也不知道该怎样面对？所以我想请您帮我一下，告诉我该去怎样面对这件事。但我又怕自己会在您面前失态（哭），所以我选择了写封

这些天，我渴望回家，但我又害怕回家。来到校园里我盼望着早点放学回家，看看她，但当放学铃响时我却不想回家，这是为什么呢？

是因为我害怕见到妈妈，害怕见到妈妈那张带病苦的脸。在这些天里妈妈常常[illegible]难眠，这[illegible]一个不知明的东西，在每时每刻地啃噬她的大脑，她被[illegible]的难受[illegible]这个不知名的东西，就在妈妈的右脸耳下方，也摸起来挺软的，有小手那么大一点点的，看起来和爸爸鼻子上的那个[illegible]一样，摸起来也很[illegible]。这些天和他的发作时差不多，同都是脑痛。每一个晚上，当我被这种情景弄醒时，我只能看着妈妈那眼睁睁张被受折磨的脸，时我的心如刀交一般。但我却还要假装一点没有什么，自己的泪只能倒流入心里，那种滋味真是难受。昨天妈妈在也受不了，就和小姨一起去了医院。回来我问时，妈妈说是一个瘤，但要是吃药不管用，就得动手术。可这时我却突然想起了爸爸的那句话，"没什么，是个瘤"，但就是因为它让我永远失去了爸爸。我真的[illegible]怕我会再次失去……

不瞒您从我懂事起，就有两个亲人与我永别，我的爸爸和姥姥。不记事前，有过姐姐和弟弟。现在我不想在没有她，因为我们都需

IV

Ma Xiaomei, ou le spectre de la maladie

Chère Tante,

J'ai rencontré une chose qui ne me laisse pas tranquille. Mon cerveau tourne autour de ça en permanence. Je veux vous demander de m'aider, dites-moi comment faire face à cette situation. J'ai peur de pleurer devant vous, j'ai donc choisi de vous écrire.

À l'école, j'attends avec impatience l'heure de rentrer. Mais quand la sonnerie annonce la fin de l'école, je ne veux plus aller à la maison. Pourquoi ?

Parce que j'ai peur de voir maman, son visage douloureux. Ces jours-ci, elle passe beaucoup de nuits blanches. Quelque chose d'inconnu mange son cerveau à chaque instant, grandit derrière sa tête, sur la nuque. Elle est molle quand on la touche, elle bouge comme une balle. On dirait la chose qui avait poussé sur le nez de mon père avant sa mort. Maman a mal à la tête. Chaque nuit, je me réveille et vois son visage torturé. Mon cœur est comme transpercé par un couteau. Même si je feins de ne rien voir, mes larmes coulent intérieurement.

Comme elle ne pouvait plus résister, elle est finalement allée à l'hôpital avec ma tante. À son retour, elle m'a dit que c'était une tumeur, et que si les médicaments ne réussissent pas à la guérir, il faudrait une opération. Je repense à la phrase de mon père parlant de son mal : « Ce n'est rien, c'est une tumeur. » Mais c'est cela qui me l'a fait perdre pour toujours.

À dire vrai, depuis que j'ai des souvenirs, deux personnes proches m'ont déjà quittée pour toujours : mon père et une jeune sœur. Et, avant que j'aie la capacité de me souvenir, il y a eu une grande sœur et un jeune frère. Maintenant, je ne veux pas perdre ma mère. Parce que nous avons besoin d'elle. Je veux arrêter de tourner autour de cette pensée, mais je n'y arrive pas. Je suis peut-être vraiment faible.

Mais j'ai tout de même moins de quinze ans cette année, je ne suis pas très courageuse. Chaque fois qu'on parle de mon père, j'ai envie de pleurer. Quand je vois d'autres enfants accueillis par leur père, je les envie, mais les déteste aussi. C'est peut-être ça, la mauvaise psychologie.

Parfois, j'aurais vraiment souhaité que ce ne soit pas ma sœur, mais moi qui sois partie il y a quelques années. Je n'aurais pas connu la douleur, la solitude, l'impuissance. Mais, si je réfléchis un peu, c'est bien de vivre. Au moins, on a l'amour du père et de la mère. Je n'ai plus l'amour du père, est-ce que nous n'avons même pas le droit d'avoir l'amour de la mère ? Ce monde n'est-il pas cruel ?

Je ne sais pas pourquoi je me sens de plus en plus seule. Je ne veux pas réfléchir n'importe comment sur ces choses-là, mais je ne peux pas m'en empêcher. Au cours de cette année, combien de fois ai-je pleuré dans la nuit ? Mais pas une seule fois devant ma mère. Parce qu'elle a versé plus de larmes que moi. Maintenant, je me déteste de plus en plus, parce que je suis une fille, que je n'étudie pas bien, que je ne peux pas aider ma mère, la remplacer pour souffrir la torture de la maladie. Je ne sais pas pourquoi je ne suis pas courageuse. Je veux surtout me calmer pour bien étudier, mais je ne peux pas. Dites-moi comment faire face à toutes ces choses ?

Pouvez-vous me dire ? Aidez-moi, aidez-moi à équilibrer mon cœur. Mais gardez le secret pour que ma mère ne le sache pas. Parce que vous devez tout savoir. Aidez-moi à éliminer mes ennuis et ce caillou posé sur mon cœur.

MA XIAOMEI,
20 septembre 2003.

P.-S. : désolée, cette lettre est mouillée par les larmes, je n'ai pas pu m'en empêcher.

Nous ne connaissions Ma Xiaomei que par ses lettres poignantes. Elle nous a beaucoup écrit et détient sans doute le record des lettres adressées à He Yanping à notre bureau de Pékin, comme si elle avait enfin trouvé une oreille compatissante. Sa dernière missive, datée de septembre 2003, est déchirante, aussi décidons-nous de la rencontrer.

La jeune fille que nous découvrons dans le bureau du directeur du collège de Yuwang est très apprêtée, les cheveux impeccablement retenus par un chignon, deux petites boucles aux oreilles. Son blouson très propre et très moulant tranche avec les tenues généralement débraillées des autres enfants. Difficile de croire que cette adolescente souriante puisse vivre un tel enfer.

Mais quand nous la suivons chez elle, le doute n'est plus permis. À deux pas de l'ancienne tour de la Cloche et du Tambour reconstruite au centre de Yuwang, il faut passer un épais rideau molletonné multicolore qui coupe le vent glacial avant de pénétrer dans une pièce si sombre que quelques secondes sont nécessaires pour s'y accoutumer. On est là dans le « royaume » de notre jeune boursière : une minuscule épicerie rurale qui offre, sur ses pauvres étagères, quelques denrées de première nécessité telles que lessive, savon, piles électriques… Un comptoir coupe la pièce en deux. De part et d'autre, un lit occupe l'essentiel de l'espace, ne laissant que peu de place pour les éventuels clients. Au vu de cette disposition, on comprend pleinement les angoisses décrites par la jeune fille lorsque sa mère se tord de douleur la nuit.

À la mort du père, en 2002, la famille, désormais incapable de s'occuper de ses terres, est venue s'installer à Yuwang, près de l'école. C'est ici, dans cet univers de moins de 15 mètres carrés, loué 80 yuans par mois, que vivent Ma Xiaomei, sa mère, et ses deux jeunes frères. Épicerie dans la journée, dortoir la nuit… Un commerce qui ne rapporte que de modestes revenus et repose de surcroît sur un équilibre bien périlleux : entre le crédit consenti par les fournisseurs et les ventes à des clients tout aussi pauvres que l'épicière. Dans la journée, pas de lumière pour économiser l'électricité. Un minuscule poêle à charbon maintient une relative douceur, juste de quoi ne pas mourir de froid. La mère de Ma Xiaomei ne quitte d'ailleurs jamais son manteau à l'intérieur. Difficile de faire plus rudimentaire, plus dépouillé…

À notre arrivée, la maman de Xiaomei, assise derrière le comptoir, discute avec deux clientes qui occupent tout l'espace libre. Lorsqu'elle se lève, on ne peut qu'être frappé par sa maigreur et sa pâleur : elle tient à peine debout, visiblement souffrante et faible, mais se dit capable de continuer à vivre et à travailler pour prendre soin de ses enfants. Elle en a eu six, dont trois sont morts très jeunes. Ses deux fils – l'aîné porte une calotte musulmane brodée, l'autre une casquette de baseball et un pull avec Mickey – poursuivent vaille que vaille leurs études. Un coup d'œil nous suffit :

nous décidons d'« adopter » ces trois enfants comme boursiers dès le semestre suivant.

Un déluge de douleurs

La mère de Ma Xiaomei ne comprend pas immédiatement qui nous sommes, mais nous téléphonera le lendemain pour nous remercier d'aider ses enfants à poursuivre leur scolarité. « Je suis illettrée, je ne sais pas comment je pourrais vous remercier suffisamment », s'excuse-t-elle, soulagée et rassurée sur la scolarité de ses trois enfants.

Nous parlons. L'histoire de cette famille est celle, trop banale en Chine, d'une famille paysanne confrontée au problème d'une santé publique défaillante. Le père de Xiaomei est mort d'un cancer soigné trop tard : il n'est allé à l'hôpital qu'à l'agonie ; il est mort douze jours après que sa tumeur a été auscultée pour la première fois. Un an plus tard, le spectre de la maladie est revenu dans cette famille et menace de la faire sombrer définitivement. En avril 2003, nous recevons cette lettre de Ma Xiaomei :

Moi, je voudrais vous demander : aimez-vous votre papa et votre maman ? Oui, qui n'aime pas son papa et sa maman ? Il y a un an, j'ai perdu mon père. Depuis ce moment, je rêve tous les soirs d'être avec papa, je l'ai vu dans un rêve, il a dit qu'il pourrait revenir à la vie dans un an à compter d'aujourd'hui. Mais tout cela est impossible. Dans mon cœur, je ne suis pas remise de la douleur de ne plus avoir mon père, mais une maladie nouvelle est peut-être aussi sur le point d'arriver.

Hier, ma mère, parce qu'elle ne se sentait pas bien, a passé un contrôle chez le docteur Li, elle a peut-être attrapé une hépatite. J'ai vraiment peur, peur de perdre aussi ma maman. Pour que mon père aille se faire soigner nous avons déjà emprunté plus de 10 000 yuans, et, à cause de sa maladie, maman prend tout le temps des médicaments. Avant j'avais peur qu'elle ne soit paralysée, maintenant j'ai peur qu'elle ne nous quitte tous les trois pour toujours. Tante, que dois-je faire ? Comment dois-je agir ? Je ne sais vraiment pas. Qui peut m'expliquer ? Pourquoi est-ce que je dois passer par la disparition de mes parents l'un après l'autre ? Pourquoi ?

En juin 2003, elle nous écrit à nouveau pour donner des nouvelles de la santé de sa mère :

Maman prend des herbes tous les jours, mais il n'y a pas d'effets. Sa maladie devient plus grave. Elle est devenue comme un squelette, elle est terrible à voir. Ma tante lui dit d'aller faire des examens, mais elle ne veut pas emprunter comme mon père. Si elle meurt, qui va payer les dettes de mon père et les siennes ? Elle dit qu'elle peut résister, mais elle ne dort pas la nuit. Finalement, sur notre insistance, elle est allée à l'hôpital. Ma tante a pris les 52 yuans que j'avais gagné en vendant des ordures récupérées, et elle a emprunté 200 yuans. On a dit à ma mère qu'elle avait des cailloux dans la vésicule et qu'il fallait une opération. Elle a refusé. La raison est simple : nous n'avons pas de quoi la payer. Elle a donc pris un peu de médicaments, et elle est revenue.

Ces diagnostics contradictoires ne sont guère surprenants. Avant d'aller dans un véritable hôpital, les paysans de cette région consultent d'abord des médecins de fortune, moins chers, mais souvent incompétents. Nous avions découvert cette réalité dans le journal de Ma Yan : elle écrivait qu'elle allait chercher sa mère chez le médecin, mais, en fait de médecin, il s'agissait d'un pseudo-acupuncteur itinérant qui avait installé un tabouret dans la rue principale de Yuwang les jours de foire, et vendait dix séances de soins pour 50 yuans. À la deuxième séance, il avait disparu… Quand Bai Juhua est allée à l'hôpital de Yinchuan, la capitale provinciale, un ulcère à l'estomac a été diagnostiqué, et le traitement a coûté l'équivalent d'un an de revenu moyen pour un paysan de Zhang Jia Shu… Lors de notre dernier passage à Yuwang, en décembre 2003, un autre médecin de fortune en blouse blanche avait pris place sur le grand marché.

Les malheurs de Ma Xiaomei ne s'arrêtent pas à la santé de ses parents. Avec la mort du père, c'est l'unité de la famille qui s'est effondrée. Dans cette campagne isolée où les gens se battent pour leur simple survie, les rapports humains au sein d'une même famille peuvent être d'une grande cruauté. Pas le temps d'éprouver quelque compassion. Notre jeune boursière en a fait la cruelle expérience.

Dans sa lettre de juin 2003, elle nous raconte comment son « quatrième grand-père » a demandé à sa mère de venir planter des arbres au village : dans les régions à l'environnement dégradé comme le Ningxia, le gouvernement promet une aide en céréales à tous ceux qui font pousser des arbres sur une partie de leurs terres. La famille de Ma Xiaomei s'est donc mise en marche – c'était à une vingtaine de kilomètres de là.

Une fois que nous sommes arrivés au village, maman parle au grand-père. Il ne dit rien, mais lui crie dessus. Elle lui dit : « Arrête de crier. Je sais qu'il n'est plus là [le père], *et je dois penser aux enfants. Tu es vieux, je ne veux pas me fâcher avec toi. Je veux juste que tu m'indiques un chemin. Tout ce que nous faisons, c'est pour que ces trois enfants aillent à l'école. » Grand-père dit : « Pourquoi reviens-tu ? Va-t-en. Si tu ne veux pas travailler, meurs ! Pourquoi envoyer ces enfants à l'école ? Nos ancêtres n'étaient pas de grands mandarins. Laisse les enfants revenir mendier. » Je ne peux pas m'empêcher de pleurer. Pourquoi grand-père est-il si cruel ? Il gâte son fils cadet, mais pas nous. Pourquoi la famille nous a-t-elle exclus si vite ? Quelle erreur avons-nous commise ? Pourquoi haïr des enfants comme nous, sans père ? J'apprends à cette occasion la douleur du monde et la difficulté des choses.*

[...] *Les grands-parents veulent me marier et gagner un peu d'argent, ils veulent aussi que mes deux frères reviennent cultiver la terre. Mon père a commencé à travailler à dix ans. Les grands-parents veulent que nous revivions l'histoire de mon père. J'ai compris pourquoi mon père pleurait la nuit. Je ne veux pas continuer à parler.*

Ma Xiaomei s'accroche à l'école comme à une planche de salut. Un héritage qu'elle attribue à son père, qui a pourtant commencé à travailler dès l'âge de dix ans, et était donc illettré. « Avant de mourir, papa a dit à maman que nous ne devions pas arrêter l'école, nous dit-elle, les larmes aux yeux. Maman lui disait, tu ne peux pas mourir, toute la famille compte sur toi »...

À la disparition du père, Ma Xiaomei décide d'arrêter l'école, en raison des difficultés financières de sa famille, mais sa mère refuse. Ses oncles et tantes se cotisent pour lui acheter livres et matériel. Des voisins l'aident également. L'école accepte aussi de faire un effort. Maintenant, c'est l'association Les Enfants du Ningxia qui a pris le relais avec une bourse. « Je prouverai à ceux de ma famille qui nous traitent en ennemis que je suis forte », se promet Ma Xiaomei. Ses larmes ont laissé la place à l'espoir.

Quand la maladie entraîne
la plongée dans la misère

On a peine à imaginer, en voyant Hu Yufeng dans son survêtement du lycée de Tongxin, qu'elle ait pu traverser tant de drames familiaux. À quatorze ans, elle est déjà en première année de lycée avec d'excellents résultats et rêve de devenir médecin – une ambition née après le décès de son père, mort d'un cancer du foie qu'il n'avait pas les moyens de soigner.

Cette jeune fille originaire du village de Wang Laoba, également rattaché à la commune de Yuwang, nous a écrit une première fois en août 2003, à l'approche d'une rentrée scolaire incertaine. Elle venait de recevoir sa lettre d'admission au lycée de Tongxin, mais avait eu un choc en lisant le montant des frais d'admission : 1 000 yuans. Une somme inimaginable pour une fille qui, tout au long de ses années de collège, a ramassé des bouteilles en plastique et des noyaux d'abricot pendant les vacances pour pouvoir payer ses frais de scolarité.

Je peux vivre durement. Mais je ne peux pas ne pas aller à l'école. Voir que les autres préparent la rentrée avec joie, je ne peux que pleurer en cachette. Comment faire ? Je sais qu'il faut rester autonome, indépendant, mais à quatorze ans, que puis-je faire ? Donnez-moi une chance, d'accord ? Quand je serai grande, je vous remercierai par mes réussites.

Quelques semaines plus tard, une nouvelle lettre nous arrive :

C'est la deuxième semaine après la rentrée. J'ai reçu votre argent le 14 septembre. Un grand remerciement. Au moment où je devais abandonner l'école, vous m'avez laissée entrer au lycée. Je vous écris avec un cœur reconnaissant et triste. Si triste que j'ai du mal à continuer.

Aujourd'hui, c'est le 25 septembre. C'est un jour qui me fait pleurer, qui me fait mal au cœur. La maladie de mon père s'est aggravée, il est mort, il nous quitte pour toujours. Je ne verrai plus jamais mon père.

Sans parents, comment continuer à vivre ? C'est une grande question pour moi. Mais je ferai tout pour finir mes études. Je vous dis « merci », vous m'avez permis d'entrer au lycée, d'apprendre, d'avoir un grand idéal. Vous m'avez sauvée de l'océan. J'ai une nouvelle vie, une nouvelle occasion de vivre. Pour mon avenir, pour ne pas vous décevoir, je m'efforcerai de bien étudier. Je vous remercierai par de bonnes notes. Vous êtes mon moteur spirituel, l'âme de ma vie.

En décembre 2003, nous la rencontrons pour la première fois au lycée de Tongxin, chef-lieu du district où elle étudie depuis la rentrée. Cheveux courts, un joli sourire un peu triste, vêtue du survêtement bleu et blanc du lycée, c'est une jeune fille à l'air timide qui apparaît, ravie de la visite surprise.

L'immense lycée de deux mille trois cent quatre-vingts élèves est un dédale glacial en hiver, où l'électricité est économisée au maximum, si bien que, le soir venu, il semble que des ombres se déplacent entre les salles de cours encore pleines à 20 heures et les dortoirs où les jeunes attendent dans le noir l'heure de se coucher... Certaines classes ont jusqu'à quatre-vingts élèves, on ne sert de la viande qu'une fois par mois à la cantine, des nouilles ou du riz le reste du temps, mais c'est le monde auquel Hu Yufeng s'accroche éperdument.

La vie familiale de cette adolescente de quinze ans, n'est que souffrance : son père vient de mourir, et depuis que sa mère s'est remariée, il y a deux ans déjà, elle ne l'a jamais revue, car son mari ne l'autorise pas à voir les filles nées de son premier mariage. Son frère et sa sœur vivent chez les grands-parents. Il lui reste bien une tante généreuse mais terriblement pauvre... Elle est donc seule désormais.

En février 2003, l'une de nos boursières de Zhang Jia Shu nous emmène voir sa mère qui vient de subir une petite opération chirurgicale au dispensaire de Yuwang. Toute la famille est à son chevet, y compris le grand-père, âgé de quatre-vingts ans, qui était venu nous voir un jour pour nous demander d'aider sa petite-fille : il lui manquait seulement 50 yuans pour l'envoyer à l'école. La mère est sauvée, mais la famille est à genoux : il lui a fallu emprunter des milliers de yuans pour payer l'opération. Plusieurs mois après, la famille, dans l'incapacité de faire face à ses échéances financières, nous lancera un appel au secours. Ce n'est pas la maladie qui l'a ruinée, mais un système hospitalier qui repose désormais uniquement sur le profit.

Toutes ces histoires, qui sont loin d'être exceptionnelles, témoignent d'un monde, où un gros ennui de santé signifie inexorablement une plongée dans la misère. Des maladies que la médecine peut aisément guérir se transforment en ce que le quotidien hongkongais *South China Morning Post* qualifie justement de « peine de mort ».

Un électrochoc salutaire

La santé, comme l'éducation, est devenue payante dans un pays qui se prétend toujours communiste. Le profit commande, et dicte ses choix : soigner, oui, mais dans les villes ; et soigner en priorité ceux qui peuvent payer. Les médecins veulent s'enrichir, au même titre que les chefs d'entreprise. Mais des pans entiers de la population chinoise échappent au système de santé publique, là où existait autrefois une médecine rudimentaire mais accessible à tous.

Quelques mois plus tôt, nous avions eu une discussion orageuse avec une amie chinoise – nous revenions du Ningxia où nous avions pu constater, sur la mère de Ma Yan, les effets désastreux de la santé payante. Cette amie, dont une parente avait décidé de se laisser mourir après avoir appris qu'elle souffrait d'un cancer plutôt que de faire subir ce « fardeau » financier à sa famille, estimait que la Chine n'avait pas les moyens de se payer une couverture médicale universelle comme les pays développés. Nous avons tenté de la convaincre qu'il pouvait s'agir d'une question de choix politiques : on augmentait de 17 % le budget de la défense, on envoyait un homme dans l'espace, pourquoi ne pourrait-on pas soigner la population ? Mais, en Chine, on ne discute pas les choix du gouvernement.

Le sujet est resté longtemps tabou, du moins occulté, jusqu'à l'épidémie de Sras, également connu sous le nom de « pneumopathie atypique ». Les Chinois l'ont simplement baptisé *feidian* (« l'atypique »)... Apparu mystérieusement en novembre 2002 dans la province de Canton, au sud de la Chine, le virus a été le grain de sable qui a grippé la belle machine de la croissance chinoise. Il a semé la panique à Pékin, transformé en capitale fantôme, et suscité une minicrise politique lorsque le ministre de la Santé et le maire de Pékin ont été limogés pour avoir tenté de cacher la réalité de l'épidémie. Il a surtout amené l'opinion et les dirigeants chinois à une juste réévaluation des questions de santé publique. Ainsi a-t-on pu entendre Li Lanqing, un dirigeant aujourd'hui à la retraite, lancer un cri d'alarme à propos de l'insuffisance des dépenses de santé dans les campagnes, qui pousse les paysans vers des « activités superstitieuses » et « menace la stabilité ».

Avec le Sras, la Chine n'est pas passée loin d'une catastrophe sanitaire majeure. Non pas tant en raison de la gravité du virus, qui s'est révélé, dans sa forme initiale, moins contagieux et moins mortel qu'on pouvait le redouter, mais parce qu'il a révélé la faiblesse des structures de santé publiquc.

En pleine épidémie, le constat a été dressé sans ménagement par Henk Bekedam, le représentant à Pékin de l'OMS (Organisation mondiale de la santé) : « La Chine n'a pas investi dans la santé publique depuis vingt ans. Elle a laissé les gens se débrouiller et payer de leur poche. Personne n'a mis d'argent dans les systèmes de dépistage et de surveillance. Et que se passe-t-il aujourd'hui si un malade du Sras est trop pauvre pour se faire soigner ? Il va répandre le virus. Il est temps que la Chine réinvestisse dans la santé. »

Le Sras est resté un phénomène urbain, mais, s'il avait gagné les campagnes, le phénomène aurait été très grave, car aucune barrière n'aurait pu en freiner la progression, et les capacités d'accueil des patients nécessitant isolement et aide à la respiration auraient été insuffisantes. Nos amis du Ningxia ont toutefois senti passer le vent du boulet : quelques cas « importés » ont été enregistrés à Yinchuan, la capitale provinciale.

Le 30 avril 2003, Ma Xiaomei nous écrit :

La dernière fois que je vous ai téléphoné, vous m'avez demandé si j'avais eu connaissance de la pneumonie. À ce moment-là, je vous ai répondu qu'elle n'était pas arrivée jusqu'ici. Vous avez aussitôt ri. Ce rire était vraiment agréable à entendre. Mais, depuis, ici, c'est la panique. Les gens n'osent pas aller à l'hôpital, les élèves n'osent pas tousser en cours, on rougit à force de se retenir, parce que le professeur a dit que si on a une toux sèche, alors il faut rentrer à la maison pour se soigner, et attendre jusqu'à ce qu'on ne tousse plus avant de revenir en cours. J'ai bien essayé de goûter aux médicaments, la première fois, je les ai pris en pleurant, et j'ai eu beaucoup de mal à avaler. Jusqu'ici, je n'avais jamais pris de médicaments à base de plantes, j'avais vraiment envie de vomir, mais maman m'a ordonné de ne pas désobéir. Elle a dépensé tellement d'argent pour les acheter que, si on ne les prenait pas, ce serait ignorer tout ce qu'elle fait par amour pour nous.

Quelques jours plus tard, nous recevons une lettre de Ma Yan, elle aussi inquiète :

J'ai vu que la guerre en Irak vient de se terminer, les tourments du peuple irakien sont finis. Juste au moment où on n'entend plus parler de cette guerre, il arrive un fantôme appelé « pneumonie atypique ». Il y a une dizaine de jours, je n'avais pas peur d'elle, et je ne la connaissais pas bien. Mais à partir des vacances du 1er mai, j'ai suivi de près les informations et j'ai vu que tout le monde porte des masques. J'ai alors compris la gravité de la pneumonie. J'espère, oncle et tante, que vous faites très attention à vos déplacements, surtout en reportage.

À la télévision, ils ont expliqué comment résister à la pneumonie, et affirmé qu'il ne fallait pas en avoir peur, que nous pouvions la vaincre. Mais j'ai entendu dire que dans un village près de chez moi quelqu'un a attrapé la pneumonie, qu'il a été emmené par sa famille à l'hôpital pour se soigner. Oncle et tante, vraiment j'ai un peu peur, la pneumonie se répand trop vite ! Avant je pensais qu'il n'y avait que dans les grandes villes, les endroits où la population est dense, qu'elle pouvait se développer, mais pas dans les petits villages reculés. J'ai vraiment extrêmement peur. Mais je crois que l'humanité va vaincre la pneumonie, qu'on va s'en débarrasser.

L'alerte a donc été chaude, et, une fois le cafouillage initial surmonté, le gouvernement a pris des mesures énergiques qui ont permis de stopper l'expansion de l'épidémie.

Mais il faut savoir que d'autres maladies contagieuses prospèrent dans ce vide médical, comme l'hépatite B, qui touche, selon les estimations, douze millions de personnes dont la plupart ignorent qu'elles sont porteuses de la maladie. Ou le virus VIH/Sida, que la Chine vient seulement de prendre en considération, après l'avoir longtemps obstinément nié – ce qui a permis à quelques réseaux de collecte peu scrupuleux de contaminer sans le savoir des centaines de milliers de paysans qui vendaient leur sang pour survivre.

Un état des lieux déprimant

Cette grande peur du Sras a suscité un vaste débat public sur le rôle de la santé, et la presse s'est fait l'écho d'une statistique du ministère du Travail et de la Sécurité sociale : seulement 15 % des Chinois bénéficient d'une couverture médicale. Un journal officiel est allé plus loin et a confirmé ce que nous avions amplement pu constater au Ningxia : 36 % des paysans malades ne se font jamais soigner, 61 % de ceux qui entament un traitement ne vont pas jusqu'au bout faute de moyens, 22 % des familles vivant en dessous du seuil de pauvreté tombent dans la misère à la suite d'une maladie ou d'un accident. À l'échelle de la Chine, cela signifie que des centaines de millions de personnes ne se font pas du tout soigner, ou mal.

Une étude de la Chambre de commerce française en Chine relève que « les taux de mortalité ont augmenté dans certaines zones particulièrement pauvres depuis le début des années 1990. Et si la mortalité infantile dans les zones côtières est à peu près équivalente à celle des pays industrialisés, le taux est jusqu'à cinq fois supérieur dans les provinces de l'ouest du pays ».

Cette réalité a une traduction budgétaire. Toujours selon les chiffres officiels, les dépenses de santé sont tombées de 2,49 % du PIB en 1980 à 1,71 % en l'an 2 000. Et ce chiffre ne donne pas la mesure de l'abandon dont sont victimes les campagnes : seul un cinquième des dépenses publiques de santé vont au secteur rural, où vivent pourtant les deux tiers des Chinois. « Alors que les régions rurales constituent la majorité absolue à la fois en population et en superficie, quasiment tous les programmes d'investissement gouvernementaux sont concentrés dans les villes, commente un éditorialiste chinois. Alors que certains hôpitaux urbains se vantent de matériel dernier cri et de personnel qualifié, bon nombre de ceux des communes rurales opèrent dans des conditions primitives, avec des budgets serrés. La situation est encore pire dans les installations médicales des villages, quand elles existent[1]... »

Résultat ? Beaucoup de gens ont été surpris d'entendre le Pr Ba Denian, de l'Académie chinoise de médecine, dénoncer le fait que « la Chine [était] le cent quatre-vingt-huitième pays au monde en matière de distribution équitable des ressources de santé publique ». Seuls trois pays se situent en dessous dans le classement établi par l'OMS. Soulignons qu'il y a quelques années écrire cela aurait valu à son auteur l'accusation d'« ultragauchisme » !

Cet honnête état des lieux dressé à la fin de 2003, après deux décennies de réformes économiques et de croissance rapide, illustre l'ampleur de la dégradation : à l'époque maoïste, la Chine avait développé le système des « médecins aux pieds nus » qui assuraient un minimum de soins dans les campagnes défavorisées. Avec l'économie de marché, apparue au milieu des années 1980, ce mince filet protecteur a disparu et cédé la place à une médecine payante, inaccessible à des paysans dont le revenu n'a pas suivi. Une étude montre que le coût des soins d'une pneumonie a augmenté de plus de 80 % depuis les années 1980, alors que dans le même temps le revenu agricole ne progressait que de 26 %.

1. *China Daily*, 28 novembre 2003.

« Pour se faire opérer, mieux vaut arriver avec un sac de riz »

Comme pour l'éducation, la logique du marché l'a donc emporté : le gouvernement « se décharge » des dépenses sociales jugées « non rentables » sur les collectivités locales. Mais plus une commune est pauvre, moins elle pourra investir dans la santé, et elle se retrouve donc avec des cliniques délabrées, un personnel mal formé, mal payé, démoralisé et, inévitablement, corrompu.

Encore plus grave : le système de santé publique chinois a oublié sa vocation, qui est de guérir. Il s'agit désormais de s'enrichir. 70 % des revenus d'un hôpital chinois proviennent de la vente de produits pharmaceutiques, contre 10 % à 15 % en Europe, relève un expert. Résultat : les médecins poussent à la consommation, car c'est leur seule chance d'être payés. Les généreuses enveloppes distribuées par les fabricants de médicaments représentent un indispensable complément de salaire, pouvant aller jusqu'à 60 % de leurs revenus. Le conflit d'intérêts est tel que le premier réflexe des Chinois est de négocier les ordonnances : un médecin qui prescrivait à une mère de famille cinq perfusions pour guérir son fils s'est vu répondre : « Non, trois suffiront »... « Pour se faire opérer, mieux vaut arriver avec un sac de riz ou une chaîne en or pour le chirurgien si vous voulez qu'on s'occupe bien de vous », résume un professionnel du secteur.

Un enseignant d'un collège de campagne qui se plaint devant nous de son maigre salaire nous fait valoir qu'il est équivalent à celui d'un médecin au dispensaire local. « Mais le médecin, souligne-t-il, double ou triple son salaire en faisant payer ses prestations à ses malades, alors que l'enseignant n'a pas cette possibilité. »

Combien d'histoires de blessés ou de malades qui doivent verser quelques milliers de yuans avant d'être admis en urgence à l'hôpital avons-nous entendues ! Même à Pékin. Ainsi, une amie chinoise qui avait renversé une cycliste avec sa voiture a immédiatement conduit à l'hôpital la victime souffrant d'une fracture ouverte de la jambe. Mais elle a dû réunir 20 000 yuans en appelant toute sa famille à la rescousse avant qu'on examine la jeune blessée…

Pendant l'épidémie de Sras, au printemps 2003, j'ai raconté dans *Libération*[1] l'histoire exemplaire de cette jeune femme, enseignante dans une école pour enfants autistes située dans la banlieue de Pékin. Lors d'une consultation à l'hôpital de son quartier, on lui apprend qu'elle a contracté la pneumopathie atypique. Renvoyée de son travail, elle erre pendant trois jours dans les rues avant de se retrouver à minuit, épuisée et fiévreuse, devant un grand établissement hospitalier de la capitale, qui refuse de l'accueillir. Il faudra des interventions téléphoniques de haut niveau pour que la direction

1. *Libération*, 2 juin 2003.

revienne sur sa décision. À son réveil le lendemain matin à l'aube, on exige qu'elle dépose une caution de 8 000 yuans. Après avoir demandé à sa famille de l'aider, elle sombre dans le coma.

Le gouvernement a annoncé un plan ambitieux destiné à fournir une couverture médicale à ses neuf cents millions de paysans avant 2010. Mais, dix-huit mois après l'annonce de ce plan, qui vise à recréer les réseaux sanitaires tombés en désuétude, la traduction budgétaire et les mesures concrètes de mise en œuvre font toujours défaut. D'autant que c'est tout le système de santé qui est à remettre à plat pour que cette annonce ne reste pas lettre morte.

En décembre 2003, nous recevons une lettre de Ma Ling, une élève du collège de Yuwang. Là encore, la maladie fait plonger une famille dans la misère et menace l'avenir de ses enfants :

Nous sommes une famille de cinq personnes. Mon père est torturé par la maladie et souffre. Mais nous n'avons pas l'argent pour le guérir. Il n'est jamais allé à l'école, et dit qu'il préfère ne pas manger de légumes et envoyer ses enfants à l'école. La charge de la famille est désormais sur les épaules de ma mère. Elle travaille jour et nuit pour les cinq personnes. Il faut que j'arrête mes études à la fin de la cinquième année. J'ai pleuré avec tristesse. Comment faire ? Est-ce qu'à un âge aussi jeune, mon envie d'étudier sera anéantie par la pauvreté ? Ce n'est pas pour devenir mandarin ou pour les honneurs que je veux étudier, mais pour inverser la pauvreté, pour avoir une chance.

Pendant combien de temps encore la Chine des 9 % de croissance tournera-t-elle le dos à un enfant comme Ma Ling ?

同心县市政工程公司稿纸

的第一二三名，但是我还在不断的努力，要考全校第一，甚至全县第一，我决不能松懈，也决不能软弱，因为我是我们家的大女，我要为几个妹妹起个好的带头作用。

我的妹妹马菲上次暑假到外婆家来，对我说，他们老师，不是个好老师，说她们在期末考试的时候，他用这些后面的同学传纸条，他批评了她一下午，她对我说她非常的伤心，我对她说，妹妹其实你，你根本就用不着伤心，为他这样的人伤心，根本就不值得，因为他不是个好老师，阿姨您说呢？

最后请何阿姨您代我向法国的两位叔叔阿姨们问好

您能把在杨霞家我们一起拍的照给我寄过来，我们留个纪念，由于时间的关系，阿姨就写在这里，我刚下自习，还要做作业。

祝何阿姨您和几位叔叔阿姨在新的一年事事顺心，身体健康。

马敏

2003年3月8日．9:40.

如果您有空的话，给我打电话，晚上过了九点半以后，给我打，我外婆的电话号码是：3937422

200208　　第　　页

V

Ma E, ou la malédiction des filles

Ça fait longtemps que je ne vous ai pas écrit, je ne sais pas si les autres oncles et tantes et vous-mêmes allez bien, si le travail va bien. Je vous remercie pour l'aide que vous nous apportez, à ma sœur Ma Fei et à moi. Nous devons bien étudier pour ne pas vous décevoir, ne pas décevoir mes parents, mes professeurs et d'autres gens.

Vous savez, les gens de la campagne sont très féodaux : chaque famille doit avoir un fils. Si une famille n'a pas de fils, on dit que la racine de cette famille est coupée. J'ai déjà conseillé plusieurs fois à mes parents de ne pas continuer à enfanter. Je leur ai dit que les filles sont comme les garçons : si nous étudions bien, nous pourrons aussi récompenser leur peine plus tard. Mais ils ont répondu qu'ils n'ont pas le choix, et que s'ils ne peuvent pas faire un garçon, ils divorceront.

Quand j'ai entendu ce mot, ma tête a éclaté. S'ils divorcent vraiment, nous, les sept filles, serons comme des orphelines, sans père ni mère. Nous ne voulons pas nous séparer de nos parents. Notre famille est pauvre, mais ce n'est pas grave, pourvu que nous puissions rester ensemble, car là est le bonheur. En plus, maman est malade. Pour la guérir, nous devons encore 9 000 yuans à la banque, il faut rembourser vite. Papa est parti chercher du fa cai, maman reste à la maison pour s'occuper des jeunes sœurs.

Tous les jours, je me lève très tôt et je vais à l'école en courant, pour faire du sport. Je peux ainsi réviser pendant quarante minutes l'anglais ou le chinois en attendant que tous mes camarades soient là pour sortir faire de la gymnastique. Je suis très bonne dans mes études. Je suis toujours classée parmi les trois premiers de la classe. Mais je veux travailler davantage pour être la première de toute mon école, et même de mon district.

Je ne dois pas me laisser aller, ni être faible, parce que je suis l'aînée de la famille, l'exemple pour mes jeunes sœurs.

Je vous souhaite bonne chance et bonne santé.

MA E,

8 mars 2003, 9 h 40 (du soir).

Nous avons fait la connaissance de Ma E en février 2003, dans une petite maison de la banlieue de Tongxin. Cette jeune collégienne originaire de Zhang Jia Shu loge chez une autre de nos boursières et suit les cours du collège du chef-lieu du district, d'un meilleur niveau que celui de Yuwang. Elle nous frappe par sa timidité. Elle semble tout le temps au bord des larmes, comme si l'intensité de notre rencontre et surtout son enjeu étaient trop lourds à supporter à son âge.

Elle est tellement déterminée à poursuivre sa scolarité qu'elle a décidé de ne plus manger tant qu'elle n'aurait pas reçu de réponse positive de notre part. Elle prétend qu'elle ne veut plus vivre si elle ne peut pas étudier. Fragile, mal nourrie, elle s'est déjà évanouie pendant un examen.

Dans la grande pièce de la maison, autour d'un poêle à charbon sur lequel bout l'eau du thé, elle nous convainc de sa sincérité et de sa détermination. La famille qui l'héberge à Tongxin nous a assuré que ses parents, restés à Zhang Jia Shu, vivent dans un état de grande précarité. Nous lui annonçons donc que l'association va prendre en charge sa scolarité à partir du second semestre. Elle esquisse un pâle sourire. On la sent déjà soulagée.

Un mois plus tard, nous recevons cette lettre, dans laquelle elle nous confie tout ce qu'elle n'a pas osé nous dire en face.

Avoir un garçon est pour tous les paysans d'une importance vitale : c'est une donnée essentielle des campagnes chinoises. Un garçon, c'est une force de travail, un bâton sur lequel s'appuyer pour ses vieux jours, la certitude de perpétuer son nom. La seule note d'espoir que comporte la lettre de Ma E, c'est la prise de conscience d'une génération face à l'injustice qui la frappe.

« Il faut un garçon »

En décembre 2003, après être passés dire bonjour à Ma E à Tongxin, nous allons voir sa famille à Zhang Jia Shu. La mère de Ma E n'a que trente-quatre ans, mais cette paysanne aux cheveux cachés par la calotte blanche des Hui, paraît prématurément vieillie – comme la mère de Ma Yan, comme toutes ces malheureuses paysannes éreintées par des grossesses à répétition et le dur travail des champs... Elle nous accueille avec la petite dernière dans les bras, une fillette d'un an et demi aux bonnes joues, emmitouflée contre le froid. Elle a eu Ma E, l'aînée, à vingt ans. Depuis, elle a donné le jour à une fille tous les deux ans en moyenne...

Le père, un paysan de trente-sept ans, qui lutte avec six mus de terre pour nourrir tant de bouches. La région est frappée par la sécheresse et, cette année encore, il n'y a pas eu de récolte. Après avoir été mis à l'amende pour avoir violé aussi ouvertement les règles du planning familial, il a dû vendre un âne pour régulariser sa situation. Aujourd'hui, il ne lui reste plus qu'une solution : aller ramasser le fa cai.

D'entrée de jeu, la mère de Ma E nous confie qu'elle ne veut plus être enceinte : elle se dit « fatiguée ». Elle ajoute, prudente : « En tout cas, pas l'année prochaine. » Son mari reste silencieux, le sujet est visiblement embarrassant. Nous l'interrogeons avec ménagement sur l'éventualité du divorce évoqué par Ma E dans sa lettre : le mari fait machine arrière, rétorque qu'il n'avait pas évoqué cette hypothèse sérieusement… « Nous étions sous la pression de mes parents, nous n'en parlons plus », tranche-t-il.

Mais derrière lui sa propre mère, assise sur le kang familial, sort de l'ombre : « Il faut un garçon, c'est important d'avoir un garçon », lance-t-elle sèchement.

Tout est dit. La vieille dame a eu elle-même neuf enfants – cinq filles et quatre garçons –, et tous ses fils ont eu des fils… à l'exception du père de Ma E. Cette dernière nous a appris que c'était la belle-mère qui décidait quand le couple devait avoir des enfants, et quand il pourrait cesser d'essayer d'avoir un garçon. C'est elle encore qui décidera si son fils doit divorcer pour prendre une autre épouse qui, celle-là, lui donnera peut-être un fils. La loi de planning familial prévoit en effet qu'en cas de remariage on remet les compteurs à zéro… Le lourd silence qui pèse sur la maison nous fait comprendre que toute la famille est menacée d'implosion sous le poids des traditions.

En janvier 2003, Ma Xiaomei raconte dans une de ses lettres la même histoire que Ma E – son oncle veut répudier sa femme parce qu'elle ne lui a pas donné de fils :

Mon oncle ne veut plus de ma tante. Mes grand-parents (maternels) en sont tombés malades. Ma mère court entre la maison des grands-parents et la nôtre... J'espère que ma tante et mon oncle ne divorceront pas. Sinon, comment feront leurs quatre filles ? Elles seront plus malheureuses que moi. Pourquoi mon oncle considère-t-il les garçons comme étant si importants ? À voir les quatre enfants et ma tante, je suis vraiment triste. Si mon oncle et ma tante se réconcilient, ne divorcent pas, les quatre filles auront leur famille. Vraiment, je souhaite qu'ils se réconcilient. Ma mère aura moins de maux de tête.

Quelques semaines plus tard, Ma Xiaomei nous annoncera la bonne nouvelle : son oncle et sa tante ne se séparent plus. Mais la jeune fille en a tiré une conclusion : « Dans cette histoire de divorce, j'ai compris que l'égalité entre les sexes est vraiment impossible maintenant. »

Une étudiante originaire d'un autre village de la région nous raconte sa propre histoire :

Ce sont d'abord les garçons qui comptent. Ce comportement n'a pas encore disparu, et quand les autres filles et moi sommes sorties de l'école primaire, les vieux du village ont dit : « Ce n'est pas la peine que les filles aillent à l'école, si elles savent quelques caractères, ça suffit. » Beaucoup de mes camarades sont alors rentrées à la maison et ont arrêté d'étudier. Mais mon père n'a pas pensé comme cela, il a un peu d'éducation (il a été au lycée), il connaît l'importance des connaissances. Mon père n'a pas pu continuer à étudier, c'est le regret de sa vie. Donc, il nous a dit, à mes trois frères et sœurs et à moi : « Je ne peux pas faire peser mes regrets sur vous, il faut que je prenne sur moi de faire en sorte que vous alliez à l'école. » Ma mère ne voulait pas que nous allions à l'école, mais, devant l'insistance de mon père, elle a accepté avec réticence.

Tout le courrier que nous recevons du Ningxia, tous nos contacts avec les filles que nous aidons confirment cette discrimination systématique vis-à-vis des filles. Et pourtant, à Shanghai, un récent sondage ne vient-il pas de révéler qu'une petite majorité de parents préférait avoir des filles. Une vraie révolution culturelle… Les *dinkies* (double salaire, pas d'enfants) sont même dans le vent : les jeunes couples modernes veulent jouir sans entraves de leur nouveau statut, voyager, consommer, faire tous les deux carrière sans s'encombrer d'une descendance. Comme en Occident.

Mais qu'on s'éloigne des villes, et la tradition reprend le dessus. Et pas seulement dans la communauté musulmane Hui du Ningxia. Jacques Pimpaneau explique, dans son livre *Chine, culture et traditions*[1], que, dans les temps anciens, « un homme n'avait le droit de divorcer, en donnant une lettre

1. Jacques Pimpaneau, *Chine, culture et traditions*, Arles, Philippe Picquier, 2004.

de divorce, que dans sept cas, d'après le Livre des rites ». Le premier cas était « si l'épouse ne donnait pas naissance à un enfant mâle ». Rien n'a changé dans les campagnes chinoises d'aujourd'hui.

La moitié du ciel jetée aux oubliettes

Fin 2003, nous nous trouvons en reportage pour *Libération* à l'autre bout du pays, dans la province du Guangxi, non loin du Vietnam. Une région modeste mais assurément mieux lotie que le Ningxia, ne serait-ce que d'un point de vue climatique, et proche de la province du Guandong et de ses milliers d'usines avides de main-d'œuvre.

Nous enquêtons sur un fait divers qui vient juste de connaître son épilogue avec la condamnation à mort d'une femme d'une cinquantaine d'années, accusée d'être le chef d'un gang criminel spécialisé dans l'achat et le trafic de bébés – presque tous des filles. Il semble difficile de trouver la moindre circonstance atténuante à cette femme, Xie Deming, d'autant que son trafic a entraîné la mort de plusieurs nouveau-nés. Toute l'affaire a été découverte au printemps 2003, lors du contrôle d'un minibus sur une autoroute : vingt-sept bébés s'entassaient dans des sacs de voyage, dont un mort. Pour l'empêcher de pleurer, les trafiquants lui avaient administré une trop forte dose de somnifère…

Sur place, dans la commune de Fumian, l'affaire prend subitement une autre allure. Dans un temple bouddhiste, une vieille femme qui brûle pieusement de l'encens n'hésite pas à qualifier la condamnée à mort de « bienfaitrice ». Devant notre surprise, elle s'explique : « Il y a quelques années, on pouvait trouver le matin des bébés filles abandonnés dans des cartons face à la mairie ou aux dispensaires. Certains mouraient avant d'être secourus. Xie Deming, elle, leur donnait une chance de survivre. Elle ne mérite pas la peine de mort. »

C'est apparemment un point de vue partagé par beaucoup dans cette commune. Un peu plus loin, un tableau noir de la propagande municipale rappelle les sanctions encourues en cas d'infraction aux règles du planning familial : pour toute naissance « illégale », les parents doivent « payer les frais que représente pour la société cet enfant supplémentaire ». Pour un premier enfant illégal, l'amende est de trois à cinq fois le revenu moyen annuel, cinq à sept fois pour le deuxième, sept à neuf fois pour un troisième… Des sommes impossibles à réunir pour des paysans certes pas misérables, mais en tout cas très modestes.

La voilà bien, la toile de fond incontournable de toute cette affaire : c'est la politique de l'enfant unique instaurée il y a vingt ans pour freiner une croissance démographique considérée comme suicidaire. Unanimement jugée positive du point de vue national, même si les critiques dénoncent sa nature coercitive et les abus qu'elle entraîne, le prix à payer au niveau local est lourd, et ses effets pervers redoutables.

Car tant qu'à avoir un enfant unique, mieux vaut avoir un fils, c'est-à-dire des bras supplémentaires pour cultiver la terre et prendre en charge les parents pendant leurs vieux jours. Les filles sont donc les premières victimes de la limitation des naissances. Mao avait beau les appeler la « moitié du ciel », les statistiques officielles révèlent qu'il y avait cent douze garçons pour cent filles chez les nouveau-nés en 1990 et cent dix-sept garçons pour cent filles dix ans plus tard. À partir de 2020, il y aura chaque année un million d'hommes en âge de se marier de plus que de femmes – un problème social inédit en perspective.

La loi de planning familial intègre elle-même cette discrimination. Elle stipule que, si le premier enfant d'une famille paysanne est une fille, la femme peut en avoir un second avant d'être « incitée », sinon forcée, à se faire stériliser. Si c'est un garçon, la question ne se pose plus. « Si le deuxième enfant est aussi une fille, de nombreux parents s'en débarrassent pour conserver une chance d'avoir un garçon. Ma belle-sœur a ainsi noyé trois bébés filles pour tenter d'avoir un fils », nous explique la vieille dame du temple sans émoi particulier, sur un ton neutre, comme s'il s'agissait de chatons.

À noter que les minorités nationales comme les Hui, bénéficient d'un avantage : ils ont droit à trois essais, et non deux, si le premier enfant est une fille.

La tradition s'appuie sur la misère. La préférence donnée à un bébé mâle découle d'une nécessité économique : dans les campagnes chinoises, on ne connaît ni retraite ni sécurité sociale, et les paysans sont trop pauvres pour employer de la main-d'œuvre. Un fils suppléera à tout quand il sera grand. « Une fille mariée, c'est comme de l'eau jetée », relève un proverbe chinois.

De fait, une fille n'« appartient » à sa famille que le temps nécessaire pour la marier. Jacques Pimpaneau, spécialiste des traditions chinoises, relève que, « dans l'Antiquité, "se marier" pour une femme se disait "retourner", car la famille de son mari était considérée comme sa vraie famille. Les expressions qui sont restées pour dire "marier" sont pour une fille *jia*, ce qui signifie "donner une famille à une fille" [...] tandis que pour les hommes, le verbe employé *(qu)* signifie "prendre femme", donc "se marier" ».

Seul le fils s'occupera de ses parents lorsqu'ils ne seront plus en état de travailler et auront besoin de soins coûteux. « Sans fils, vous êtes seul et abandonné pour vos vieux jours », rappelle un villageois. Les Chinois ont même une expression pour évoquer le sort des personnes âgées qui se retrouvent sans fils pour prendre soin d'elles : « des nids vides ». 23 % des familles chinoises seraient dans ce cas.

Enfin, sans descendance mâle, vous êtes méprisé par vos voisins. « Le feu de l'encens cessera pour vous », dit un paysan en référence à la tradition selon laquelle c'est le fils qui brûle de l'encens pour ses ancêtres.

Les dessous d'un fait divers

Toutes les études prospectives montrent qu'il faudra au minimum deux décennies pour qu'un système de couverture sociale ou de retraite s'installe dans des régions aussi reculées que le Guangxi ou le Ningxia. D'ici là, les paysans continueront à vivre dans une précarité absolue, et les filles à en payer le prix.

C'est là que le fait divers lié à Xie Deming s'éclaire d'un jour nouveau. La trafiquante est perçue par beaucoup comme la « bienfaitrice » de Fumian puisqu'elle a permis pendant deux ans de se débarrasser des filles « en douceur ». Femme illettrée, que ses voisins décrivent comme très simple et terre à terre, elle s'était constitué un vrai réseau d'informateurs – médecins, sages-femmes, responsables du planning familial. « Si les sages-femmes, par exemple, voyaient que la mère ne désirait pas garder l'enfant, elles appelaient Xie Deming et touchaient une commission », explique une villageoise. Les nouveau-nés étaient achetés 200 ou 250 yuans. « Parfois, ce sont les mères qui lui donnaient de l'argent pour la remercier et acheter du lait », précise une voisine. De fait, lorsque la police a récupéré les vingt-six bébés vivants du minibus, pas une seule famille ne s'est présentée pour les réclamer : les fillettes sont désormais à l'orphelinat…

Le réseau de Xie Deming les revendait ensuite à des passeurs, comme ceux du bus intercepté, qui les amenaient à des clients dans l'Anhui et le Henan, deux provinces pauvres situées plus au nord.

Qui donc pouvait acheter les bébés filles ? La réponse, encore une fois, nous fait entrer dans un univers qui surprend bien des Chinois eux-mêmes. Des familles paysannes du Nord achètent des filles à la naissance, pour la somme modeste de 2 000 ou 3 000 yuans, afin de les marier plus tard à leur fils. Il n'y a pas de dot à payer – cette dot qui constitue souvent une barrière infranchissable pour trouver une épouse – et, de fait, la petite fille devient très vite une employée domestique gratuite, et ce dès son plus jeune âge.

Dans cette économie de l'offre et de la demande, tout le monde trouvait son compte : les femmes de Fumian qui conservaient une chance d'avoir un garçon, les paysans des autres provinces qui trouvaient des épouses bon marché pour leurs fils, les intermédiaires sans scrupule qui en ont fait un trafic comme un autre. Le tout au vu et au su de nombreux officiels locaux qui touchaient leur commission au passage, comme cette femme nommée Wang, lourdement condamnée au procès : elle a fourni neuf bébés. Et dans un climat d'acceptation sociale très large.

Nous tentons d'obtenir une réaction des officiels du planning familial de Fumian. Échec : notre arrivée dans des locaux sentant bon la Chine bureaucratique d'antan sème un vent de panique. Les officiels, surpris en pleine lecture du journal, s'inventent une mission urgente pour partir et fermer les bureaux à clé… En ressortant, nous pouvons admirer un immense panneau de propagande qui montre une famille modèle – les parents et leur fille unique, un 4 × 4 en arrière-plan –, avec ce slogan : « Respecter le planning familial pour bâtir une société de petite prospérité. »

Un petit industriel, engagé comme toute la petite ville dans la monoproduction de pantalons pour des commanditaires de Canton, assiste à la scène en riant. « Ils ont eu peur de répondre aux questions ! » se moque-t-il. Lui-même a un fils unique et s'estime heureux. Mais qu'aurait-il fait s'il avait eu des filles ? « Il ne fallait pas me poser cette question », élude-t-il, embarrassé. Avant d'admettre qu'il aurait répudié son épouse et pris une nouvelle femme. La même équation qu'à l'autre bout du pays, dans la famille de Ma E.

Il est à noter cependant qu'au Ningxia, peut-être parce que le gouvernement ne veut pas créer de tensions avec la minorité Hui et plus généralement avec l'islam chinois, le planning familial est moins strictement appliqué qu'ailleurs. Dans les autres provinces, les autorités vont jusqu'à détruire les maisons des contrevenants ou à stériliser de force les femmes après deux naissances. Un officiel chinois très lucide apporte son éclairage : « Les chefs des villages mentent à l'administration sur le nombre de naissances pour couvrir les villageois. Une conspiration du silence, souvent accompagnée de petits cadeaux, qui explique que les statistiques chinoises soient totalement faussées, en particulier les recensements. Nous sommes bien plus nombreux que ce que disent les chiffres officiels. »

Venant d'un fonctionnaire chinois, l'aveu est de taille.

Les jeunes porteurs d'espoir

Chez les jeunes, pourtant, le changement de mentalité est considérable. Ma E nous confie ainsi qu'elle espère n'avoir qu'un seul enfant quand elle sera adulte, et peu importe s'il s'agit d'un garçon ou d'une fille. Yan Xia, la jeune fille chez qui habite Ma E, apporte une nuance : elle souhaite avoir un enfant et en adopter un autre. « Si j'en ai les moyens », précise-t-elle. Les boursières de l'association que nous rencontrons au lycée de Tongxin tiennent le même discours : toutes ces adolescentes ont appris et accepté le discours officiel sur le contrôle des naissances, et sont déterminées à le mettre en œuvre.

Elles vont toutefois se heurter, si elles restent dans leur région d'origine, au poids des traditions. C'est ce qu'un ami avait baptisé, lors de notre premier voyage, la « fatalité de Zhang Jia Shu », c'est-à-dire la nécessité pour les familles pauvres de marier leurs filles très jeunes, et l'exigence vitale d'avoir un fils, au moins un, pour assurer leurs vieux jours. Nos adolescentes d'aujourd'hui aurontelles la volonté, la force, ou tout simplement la possibilité de s'y opposer ? « Si les jeunes n'écoutent pas les vieux, ce sera la guerre dans les villages », commente gravement un officiel chinois.

Pour le moment, ces traditions restent implacables. En octobre 2003, nous avons reçu une lettre surprenante d'un habitant du Ningxia, un homme qui signait d'un pseudonyme : « Fei Hu » (Tigre Volant). Il ne demandait pas d'aide ni de faveur, il voulait seulement témoigner :

Je vous écris pour vous remercier de votre aide matérielle et spirituelle aux gens de Yuwang. Votre aide permet aux enfants de réaliser leur rêve sans souci, aux femmes de changer complètement, de trouver une nouvelle place sociale dans cette génération, aux hommes de reconnaître les femmes comme étant la moitie du ciel.

Je vous écris pour vous raconter une scène que j'ai vue hier en allant au mariage d'un camarade : une scène encourageante, mais aussi triste et malheureuse. Mon cœur a du mal à se calmer. J'ai beaucoup réfléchi, je suis incapable d'aider. Dans notre petit district où le pouvoir s'échange contre de l'argent, je n'ai aucune force pour changer ça, je ne peux que raconter.

En arrivant au village où se déroulait le mariage, je vois un troupeau de moutons blancs, sans bergère. Je la trouve finalement dans un coin : elle est par terre, et trace sur le sol, à même la poussière, les caractères chinois de ses devoirs d'école. Ce n'est pas ordinaire. Je commence donc à discuter avec elle. Elle s'appelle Hu Xuelian, elle a douze ans, mais son visage maigre et noir n'a pas d'âge. Et elle est si mal vêtue !

Elle raconte qu'elle a trois sœurs, une grande et deux petites. Sa grande sœur a quatorze ans, elle fait le ménage à la maison en attendant d'être mariée. Ses parents sont malades. Les fardeaux de la vie tombent déjà sur elle et ses sœurs. Elle me dit que c'est sa dernière année à l'école, à cause de la situation de sa famille, mais surtout à cause des règles non écrites de la région : treize ans est la limite pour les filles.

Là-bas, l'éducation n'est pas considérée comme importante. On dit : « Ils sont isolés, l'empereur est loin »... Les professeurs ne sont pas responsables. La superstition est très forte chez eux aussi. Quand ils n'arrivent pas à expliquer une chose, ils l'attribuent aux dieux. Avec le temps, ce genre de concepts désuets commence à se propager dans cette société primitive.

Il n'y a que l'éducation qui peut améliorer la mentalité des gens, mais la mentalité des éducateurs fait peur aussi. Si une fille, à douze ans, ne sait pas laver les vêtements ou faire la cuisine, elle est jugée bonne à rien. Avec les années, ces idées féodales se sont enracinées. Le plus effrayant, c'est que cette mentalité continue à exister dans notre grand pays, c'est inquiétant pour l'avenir de la Chine.

Si le mode de vie ancestral a très rapidement repris le dessus sur les fluctuations de l'Histoire, il n'en reste pas moins qu'un ferment de contestation a été semé. Les jeunes générations font craquer le carcan. Une enseignante pékinoise issue d'un village isolé du nord-est de la Chine raconte ainsi qu'au début des années 1960, lors de l'arrivée des étudiants citadins envoyés par Mao en « rééducation » à la campagne, les enfants de paysans connaissaient à peine l'existence des avions et ignoraient tout du monde extérieur. Aujourd'hui, l'accès à l'éducation – même limité –, la télévision changent la donne – ce sera un jour le tour d'Internet –, et l'information circule de mieux en mieux. Les écoliers d'aujourd'hui montrent une plus grande ouverture d'esprit à la modernité. Pour les jeunes filles, en particulier, cela signifie connaître une vie différente de celle de leurs mères.

VI

Les Enfants du Ningxia, ou l'école pour tous

Article 1 : L'association s'engage à régler les frais de scolarité de tous les enfants en âge scolaire de Zhang Jia Shu pour la durée de l'éducation primaire, soit environ deux cents enfants.

Article 2 : La direction de l'école s'engage à ne plus réclamer d'argent aux parents, et à informer régulièrement l'association du déroulement de la vie de l'école.

Fait à Zhang Jia Shu le 10 décembre 2003.

Signé par le directeur de l'école, l'imam, les deux autres enseignants, le secrétaire du Parti communiste du village, He Yanping et Pierre Haski.

Un vent glacial souffle dehors. Dans la salle de classe de l'école primaire de Zhang Jia Shu désertée par ses élèves, il faut garder son manteau pour ne pas geler. Sur les bancs des enfants sont assis le directeur de l'école, un instituteur, l'imam du village qui enseigne en bénévole, ainsi que le deuxième enseignant volontaire.

Le directeur nous explique la situation : il n'y a pas eu de récolte cette année pour les paysans de Zhang Jia Shu en raison de la sécheresse. La plupart des paysans vivent cette année de l'aide en céréales accordée par le gouvernement, en échange de la reconversion d'une partie des terres en plantation d'arbres ou d'arbustes. Seuls ceux qui vont travailler à l'extérieur, sur les chantiers ou dans les champs de fa cai, disposent de quelques revenus.

Pas d'argent dans les familles, donc impossible de payer les frais de scolarité des enfants. Le directeur a pourtant réduit au minimum la somme réclamée aux parents : 36 yuans par semestre, une somme dérisoire mais hors de portée à Zhang Jia Shu. Résultat : la moitié des parents n'a pas pu payer, l'école est endettée et ne sait pas comment s'en sortir.

Nous faisons rapidement nos comptes. L'association Les Enfants du Ningxia aide déjà une trentaine d'enfants du village à payer leurs frais de scolarité. Grâce à la baisse des frais, nous pouvons aider *tous* les élèves. Nous proposons donc de prendre en charge l'ensemble des dépenses scolaires du village pour les quatre années du primaire, soit environ deux cents élèves. Deux cents fois 36 yuans ne font que 7 200 yuans : en y ajoutant une petite subvention de fonctionnement pour l'école, on arrive à peine à 1 000 euros par semestre.

Et puis, il s'agit du village de Ma Yan. Le symbole est trop fort pour réfléchir plus longtemps.

Nos interlocuteurs n'en reviennent pas. Nous rédigeons un contrat sous le regard d'un officiel du gouvernement provincial qui s'engage à suivre de près la mise en œuvre. Et pour célébrer l'événement, nous nous faisons prendre en photo devant l'école, sous un soleil glacial.

Cette mesure est évidemment totalement dérisoire à l'échelle de la Chine. Mais, après avoir lu le rapport rédigé par le rapporteur spécial de l'ONU, Katarina Tomasevski, la tentation était forte de faire un geste en apportant aux habitants de Zhang Jia Shu un avant-goût de la gratuité scolaire qui, inévitablement, s'étendra un jour à l'ensemble du pays. Par ailleurs, ce geste efface une injustice inhérente à notre action : en aidant les uns, nous n'aidions pas les autres. Un rapide coup d'œil dans les salles de classe nous a définitivement convaincus que tout le monde, à Zhang Jia Shu, vivait en dessous du seuil de pauvreté : les vêtements usés des enfants, le maigre chauffage au charbon des salles de classe, l'absence de tout matériel pédagogique.

En rendant l'éducation primaire gratuite pour tous, nous établissons l'égalité entre tous, et nous supprimons une source de tension permanente. Appelons cela l'« esprit de Ma Yan »…

Voilà deux ans et demi que nous sommes venus pour la première fois à Zhang Jia Shu. Nos liens avec ce village du bout du monde n'ont depuis cesé de se renforcer. Mais, avant cela, il ne m'était jamais venu à l'idée de mener une quelconque action humanitaire. Quand les lecteurs de *Libération* ont commencé à s'adresser à moi, mon réflexe a été de chercher une ONG vers laquelle les diriger. Non par égoïsme, mais parce que ce n'était vraiment pas mon métier. Je suis journaliste et j'estimais avoir fait ma part en alertant l'opinion : après, ce n'était plus mon affaire...

Cette histoire est donc avant tout celle d'individus qui ont soudain décidé de passer à l'acte. Elle est née d'une « réaction citoyenne ». D'abord celle des lecteurs de *Libération* et du *Journal de Ma Yan.* Une jeune Suédoise vivant à Paris résume bien notre état d'esprit d'alors : « Je sais bien qu'il y a malheureusement des millions de Ma Yan dans le monde, et qu'en aidant un enfant pauvre on ne change rien des systèmes politiques et économiques qui créent ces inégalités. Mais, au moins, ça augmente les chances de cette pauvre enfant au seuil de sa vie. Et c'est déjà ça. » Une autre jeune femme dit la même chose avec d'autres mots : « La situation de cette gamine est évidemment le lot de millions de jeunes filles dans le monde, et on se sent à chaque fois impuissant. Mais puisque désormais vous me l'avez rendue familière, puisque, grâce à vous, je connais son visage, ses rêves et ses espoirs, je n'ai pas envie d'abandonner Ma Yan en chemin, après avoir tourné la page. » Un homme qui a lu Mao autrefois donne son point de vue : « Ce n'est pas du tout pour faire l'aumône, mais, pour une fois, écoutons Mao : si on donne un filet à un pêcheur, il pourra attraper du poisson ! Cet argent pourrait être le filet de Ma Yan. »

Aider Ma Yan ne changera pas le monde, mais nous lui donnons une chance d'y participer. Une démarche aux antipodes de l'idéologie du « tout ou rien » qui aurait sans doute guidé notre conduite autrefois, mais qui aboutit généralement à... ne rien faire.

La mécanique est lancée

Mon reportage est sorti le 11 janvier 2002 dans *Libération.* Les premiers échanges par Internet avec la petite vingtaine de lectrices et lecteurs émus par le sort de Ma Yan ont débouché en un temps record sur une action commune. Six jours et quelques dizaines d'e-mails plus tard, j'ai pu envoyer une proposition qui commençait ainsi : « À la suite de la publication du reportage dans *Libération*, vous êtes une vingtaine de personnes à ce jour, en France, en Belgique et en Grande-Bretagne, à vous être proposées d'aider Ma Yan à poursuivre ses études. L'idée serait de créer un fonds pour aider d'abord et avant tout Ma Yan à aller le plus loin possible dans ses études... Mais aider uniquement Ma Yan susciterait autour d'elle des jalousies qui peuvent se retourner contre elle... Il doit donc être possible de permettre à d'autres jeunes filles de retrouver le chemin de l'école et de briser, elles aussi, le cercle de la fatalité. On évitera ainsi de faire de Ma Yan une privilégiée dans un océan de misère… »

Dès lors, il ne restait plus qu'à imaginer une structure à la fois souple et efficace. Chaque don devait parvenir à son but. Chaque donateur devait savoir où allait son argent.

Mais comment faire ? Aucune ONG n'intervenait dans cette région. Fallait-il passer par une structure officielle chinoise, comme le « Projet Espoir » géré par la Jeunesse du Parti communiste ? Nous avons vite écarté cette possibilité : nous venions d'apprendre que le comptable de l'organisation avait placé l'argent des dons sur des fonds spéculatifs en Bourse, et perdu quelques millions… J'ai donc passé un coup de téléphone à Françoise Grenot-Wang, fondatrice de l'association Couleurs de Chine dans la province du Guangxi, qui parraine sur une grande échelle la scolarisation d'enfants de la minorité Miao. Pas question pour elle de s'occuper d'enfants à plus de 2 000 kilomètres de son terrain d'action. En prime un précieux conseil : « Vous savez, c'est une activité à temps plein [1] ! »

Notre idée est simple : créer un fonds de soutien en France, et le distribuer au Ningxia sous forme de bourses scolaires, non seulement à Ma Yan, mais à autant d'enfants déscolarisés. Cela, tant que les fonds recueillis le permettront.

1. Association Couleurs de Chine, 34 rue des Haizettes, 78490 Grosrouvre. Tél. : 01.34.86.97.60. Site Internet : www.couleursdechine.org

Le 21 janvier, soit dix jours après la publication du reportage, nous tombons d'accord sur un « plan d'action ». Et je pose à ces lointains lecteurs qui s'apprêtent à m'envoyer de l'argent pour la « bonne cause » la question de confiance : « Vivant actuellement en Chine, je me retrouve à organiser un dispositif d'aide, ce qui n'est ni ma vocation ni même une chose à laquelle je pensais il y a seulement une semaine. Il va de soi que si une autre formule était possible, notamment de confier la gestion de cette aide à un organisme existant et fiable, je le ferais avec plaisir. En attendant [...] tout repose sur la confiance que vous pouvez m'accorder sans me connaître. J'espère m'en montrer digne, tout en vous apportant le maximum de garanties de transparence dans cette entreprise. J'y associe mon assistante à Pékin, He Yanping, tout aussi engagée que moi dans cette affaire. J'espère sincèrement que nous pourrons faire un bout de chemin ensemble, dans l'intérêt de Ma Yan. »

Les réponses sont immédiates et me surprennent encore aujourd'hui : « Nous vous faisons entièrement confiance », écrit l'un ; « Je suis fière et heureuse de m'engager dans cette "aventure" », ajoute une autre. « Ce que vous faites pour Ma Yan vous est visiblement "tombé dessus", contre toute attente. Alors bon courage à vous aussi ! » renchérit une troisième.

La mécanique est lancée.

Un mois plus tard, He Yanping et moi nous

rendons à Zhang Jia Shu pour attribuer les premières bourses. Entre-temps, les éditions Ramsay m'ont proposé de publier *Le Journal de Ma Yan* dans son intégralité. Pour l'heure, nous en sommes à une vingtaine de donateurs en Europe, pour une vingtaine de bourses au Ningxia. Cela semble simple à gérer, mais, sur les conseils d'une amie avocate, nous devons créer une structure légale pour collecter et redistribuer les dons. Les scandales à répétition qui ont entaché la réputation de fonds de bienfaisance ou d'organisation caritatives nous incitent à la plus grande prudence.

Les raisons d'un succès

Grâce à la loi de 1901 régissant les associations à but non lucratif, nous fondons durant l'été 2002 l'association Les Enfants du Ningxia. Elle est enregistrée en France car la Chine ne possède pas de législation favorable aux ONG. Je rencontre les premiers adhérents lors d'un passage à Paris : rendez-vous dans un café de Montparnasse après des mois d'échanges par e-mails... un côté *blind date* humanitaire, assez amusant. La première assemblée générale des Enfants du Ningxia a lieu en octobre 2002, là encore dans un café parisien.

Très vite, un « noyau dur » de bénévoles se constitue autour de la journaliste Michèle Fitoussi, une des premières à s'être manifestée en janvier, qui assume la présidence de l'association. Il y a

Emmanuelle Polack, une enseignante dont les élèves de la banlieue parisienne se sont cotisés pour Ma Yan ; Linda, une mère de famille américaine mariée en France, qui s'occupera de gérer le courrier français, les dons ; d'autres encore, à Paris, Lyon, Bordeaux, Pékin, Shanghai ou Hong Kong. Je serai le trésorier. He Yanping, ma collaboratrice au bureau de *Libération* et la traductrice du *Journal de Ma Yan*, assurera l'interface avec le village et les enfants, ainsi que la lecture du courrier chinois…

Aucun d'entre nous n'a d'expérience en la matière, et nous naviguons à vue. Pas de loyer, pas de salaires de permanents, pas de ligne téléphonique, des frais de fonctionnement réduits au minimum. Nous tentons de fonctionner le plus simplement possible, pour que la quasi-totalité de l'argent recueilli revienne aux enfants du Ningxia.

Lorsque nous ouvrons un compte en banque, on m'annonce qu'il sera considéré comme un compte « entreprise » et qu'il y aura donc des frais de gestion de 16,89 euros par mois. Je proteste, tente d'obtenir une exemption, en vain. Un ami me met en rapport avec le directeur, qui m'explique que la fondation humanitaire de la banque peut nous aider sur des projets de plusieurs milliers d'euros… mais que, pour les 16,89 euros, il n'y a rien à faire.

Va donc pour les frais bancaires. Keynes l'a déjà démontré sous une autre forme : « Si vous devez 1 000 dollars à votre banque, vous avez un problème ; si vous lui devez un million de dollars, c'est elle qui a un problème. »

Un Italien qui contribue un temps à notre fonds préfère pour sa part nous envoyer un billet de 20 euros glissé dans une enveloppe plutôt que de laisser une commission à la banque.

La sortie du *Journal de Ma Yan*, en octobre 2002, donne un véritable coup de fouet à l'association à peine constituée. Par e-mail ou par courrier, les demandes de renseignement ou les contributions affluent. Les vingt donateurs du début deviennent en quelques mois trois cents à quatre cents. L'accueil fait par les enseignants et les élèves traduit une forte « envie d'agir » – c'est le nom de la campagne du ministère de l'Éducation nationale, qui reprend l'exemple de Ma Yan et des enfants du Ningxia[1].

Et dire qu'au début, dans nos échanges d'e-mails, une des participantes nous mettait en garde : « Si nous sommes vingt maintenant, il serait peut-être plus réaliste d'estimer qu'on ne sera plus que dix dans un an… Tant mieux si je me trompe. »

La cause est indiscutable, les moyens d'agir concrets et immédiats, le symbole fort : ce sont les clés du succès. Semestre après semestre, nous augmentons le nombre de boursiers. Nous commençons à envisager, à Zhang Jia Shu comme au collège de Yuwang, des actions plus larges. Dès

1. Envie d'agir, le guide de l'enseignement, CNDP/Hachette, 2003, p. 98-99. Site Internet : www.enviedagir.fr

lors, la notoriété du livre suscite des appétits, en inquiète certains, et intrigue les officiels, qui ne s'étaient guère préoccupées jusqu'ici de notre activisme, tant nous étions discrets.

« On nous a à l'œil »

À Yinchuan, la capitale provinciale, les autorités sont partagées entre la satisfaction de voir cette aide arriver et l'agacement que leur inspire ce coup de projecteur sur la pauvreté de leur région. Première alerte en juillet 2002, lorsque nous décidons de retourner au Ningxia, cette fois en voiture à partir de Pékin : on nous appelle de Yinchuan pour nous en dissuader, invoquant de vieux règlements qui interdisent aux étrangers de circuler hors de Pékin. Je réponds que j'ai déjà visité en voiture une demi-douzaine de provinces sans encombre, et que je ne m'y rends que pour aider des enfants chinois.

Pendant deux jours et demi, Michèle Fitoussi, He Yanping et moi suivons une route terrifiante à travers le Hebei, la Mongolie-Intérieure et le Ningxia. La chaussée est sillonnée par des centaines de camions qui roulent à tombeau ouvert. À la sortie d'un tunnel, le conducteur d'un tracteur pris d'une envie pressante bloque la circulation. Le paysage est un long tissus d'industries anciennes, polluées et noires de charbon.

Une surprise nous attend à l'auberge de Yuwang : deux policiers en civil venus de Yinchuan pour un sévère contrôle d'identité. Cela n'ira pas plus loin, mais l'avertissement est clair : on nous a à l'œil. Ici, le responsable d'une commune rurale ne pèse pas lourd face à n'importe quel policier venu de la capitale provinciale. D'autres policiers vont par la suite enquêter partout où nous passerons pour savoir quel type de questions nous avons posé, ce que nous avons dit, fait ou pensé.

En septembre 2003, lorsque Ma Yan et sa mère viennent à Pékin pour célébrer la sortie du livre dans son édition chinoise, un ami de Yinchuan débarque chez moi accompagné d'un homme que nous ne connaissons pas. C'est un conseiller du gouvernement du Ningxia, qui vient « sentir l'ambiance ». Il met cartes sur table : « Le gouvernement provincial sait ce que vous faites au Ningxia, mais il ne sait pas quoi en penser. » Je lui explique notre démarche en détail, et il repart rassuré. La méthode employée par nos interlocuteurs nous laisse quelque peu perplexes.

Nous ne sommes toutefois pas au bout de nos peines. Un reportage dans un influent magazine chinois, peu de temps après, sonne l'alarme. S'il est globalement positif, il comporte le témoignage d'un cadre local de Yuwang scandalisé que « les étrangers » aient emmené Ma Yan en boîte de nuit lors de son séjour à Pékin. Une contrevérité. Comme nous en avons confirmation un peu plus tard, ce coup bas est le signe d'une lutte entre les pouvoirs locaux, dont l'enjeu est de mieux nous contrôler.

Puis un émissaire vient nous préciser « amicalement » que nous pouvons faire ce que nous voulons, mais qu'il faudra désormais en passer par les « structures ». En clair, pour quiconque ayant la moindre expérience de la Chine, cela signifie que les « structures » en question veulent leur part du « gâteau »... Au Ningxia, on commence à comprendre que les enjeux financiers pourraient devenir intéressants, puisque le livre tiré du journal de Ma Yan a du succès.

Il faut réagir : pas question de déléguer la gestion des fonds à de quelconques « structures » qui détourneront une partie de l'argent au passage. C'est la condition *sine qua non* de notre intervention. Je rédige alors un mémorandum en six points, qui commence ainsi : « Depuis quelques mois, nous avons été amenés à nous déplacer plusieurs fois au Ningxia et à y mener une action d'aide qui sort du cadre de notre activité journalistique. Le moment est venu de faire le point... »

Je raconte en détail comment nous sommes arrivés au Ningxia, la rencontre avec la famille de Ma Yan, l'ampleur des réactions à la sortie de l'article de *Libération*, la publication du livre. J'insiste sur le fait que si la famille de Ma Yan reçoit plus d'argent que les autres, c'est grâce aux droits d'auteur, et j'explique longuement que la législation française, comme la chinoise, protège et rétribue la propriété intellectuelle, quel que soit l'âge de l'auteur.

Le mémorandum rappelle le cadre qu'il nous a

fallu créer : « L'association s'est donné pour seul but d'aider les enfants de familles pauvres à poursuivre leur scolarité. Son existence est une garantie que l'action entreprise ne s'arrêtera pas du jour au lendemain et que tous les enfants auxquels elle a redonné espoir en leur attribuant une bourse d'études seront aidés quelle que soit la durée de leurs études. »

J'évoque enfin les possibilités accrues d'aide que la parution du livre et son succès permettent d'envisager, à condition que chaque action soit mise en œuvre dans un contexte acceptable pour tous. Avant de conclure : « Tout cela est le fruit d'une rencontre accidentelle, celle de journalistes de passage et d'une situation humainement difficile. Elle a eu pour effet inattendu de créer un vrai lien entre cette région du Ningxia et une petite communauté de personnes en France et ailleurs en Europe, animée par le seul objectif d'aider des enfants moins favorisés que les leurs. Elle a permis à la famille de Ma Yan de sortir de la misère grâce aux droits de ce livre qui lui reviennent légitimement. Et elle permet enfin de mener une action qui peut bénéficier, dans le respect de la dignité de chacun, à une communauté plus large, qu'il s'agisse des bourses scolaires pour d'autres enfants comme c'est déjà le cas, ou d'autres projets à envisager en commun. Cette action n'est pas de la charité, mais de la solidarité humaine, menée par des gens qui n'ont aucune affiliation politique ou confessionnelle, mais qui se sont seulement

À Yuwang, en décembre 2003. Ma Xiaomei, boursière de l'Association,
avec sa mère et ses deux frères.
Elle a perdu son père d'un cancer
et craint de voir sa mère subir le même sort.
« Ce monde n'est-il pas cruel ? », s'interroge-t-elle dans sa lettre.

Hu Yufeng, une boursière de l'Association, au lycée de Tongxin, le chef-lieu du district.
Son père est mort d'une grave maladie, depuis elle rêve de devenir médecin.

À Tongxin, en décembre 2003. Ma E et Yan Xia, deux boursières de l'Association. Ma E, l'aînée de sept filles, défend l'égalité des sexes contre le poids des traditions.

Les parents de Ma E devant leur maison à Zhang Jia Shu. Dans les bras de la mère, la dernière de ses sept filles. Si le prochain enfant n'est pas un garçon, ils devront divorcer, a décrété la grand-mère maternelle.

En février 2003, dans le bureau du directeur du collège de Yuwang, les bourses de l'association Enfants du Ningxia sont attribuées aux élèves. Au premier plan, He Yanping tient les dossiers des collégiens.

© He Yanping

Photo souvenir, après la signature de l'accord garantissant la gratuité de l'enseignement primaire à Zhang Jia Shu. Au centre, Pierre Haski, à sa droite l'Imam du village et un instituteur bénévole, à sa gauche le secrétaire local du Parti communiste et le directeur de l'école.

Le directeur du collège de Yuwang (au premier plan) a décoré son bureau des photos tirées du *Journal de Ma Yan*, qui avaient été agrandies pour le décor d'une mission de télévision… L'histoire de Ma Yan a bouleversé la vie de son établissement.

Quelques boursiers de l'Association, au collège de Yuwang.
Sans cette aide, la plupart d'entre eux auraient dû arrêter leur scolarité.

Décembre 2003, au lycée de Tongxin. Les cinq lycéens boursiers de l'Association.
Dans les prochaines années, certains d'entre eux s'inscriront à l'université,
un rêve inespéré pour les enfants de cette région.

Octobre 2002, à Pékin. Ma Yan et sa mère découvrent, avec Pierre Haski, l'édition française du *Journal de Ma Yan*. À la joie de feuilleter le livre imprimé, s'ajoute le plaisir de visiter la capitale chinoise où elles n'étaient encore jamais venues.

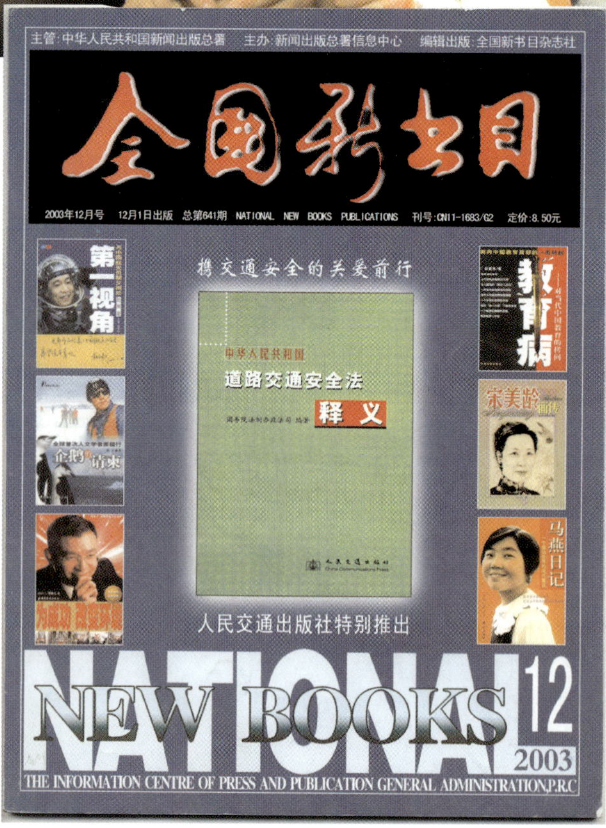

Ma Yan, sa mère et Pierre Haski, lors du lancement de l'édition chinoise du *Journal de Ma Yan*, en septembre 2003.

La une du principal magazine des professionnels de l'édition chinoise annonce la parution du *Journal de Ma Yan* en Chine.

À la sortie du *Journal de Ma Yan* en Chine, son auteur a été très sollicitée par les médias chinois. Elle donne désormais avec assurance ses interviews à la télévision.

L'éditeur chinois avait invité des collégiens pékinois à rencontrer la jeune paysanne du Ningxia. Séance de dédicaces obligatoire…

Octobre 2002, Ma Yan vient à Pékin pour la première fois.
Elle découvre avec émerveillement la Grande Muraille,
la place Tiananmen et l'entrée de la Cité interdite,
toujours dominée par le portrait de Mao... Une expérience inoubliable !

Sauf mention contraire, toutes les photos ont été prises par Pierre Haski.

rassemblés sur la base d'une émotion réelle autour d'un cas médiatisé et d'une volonté commune d'agir concrètement pour un monde meilleur. Ce hasard peut se transformer en force positive au service des habitants de la région de Yuwang. Pour moi, qui me suis trouvé accidentellement au cœur de cette aventure humaine, c'est mon souhait le plus cher. »

Début novembre 2002, nous envoyons ce texte, traduit en mandarin, à toutes les autorités ou personnes concernées du Ningxia – à Zhang Jia Shu, à Yuwang ou à Yinchuan. Le département de l'Éducation réagit le premier, la réponse est simple : « Votre projet est positif, continuez. » Nous comprenons plus tard qu'une véritable décision politique de nous laisser agir a été prise, et que le responsable local qui nous mettait des bâtons dans les roues a été limogé.

Changement de ton, déceptions et malentendus

À notre voyage suivant, en février 2003, changement de ton : le directeur du Weiban, le bureau provincial des relations avec les étrangers, organise un dîner officiel en notre honneur à Yinchuan, et, devant la presse de la province, qualifie notre action d'« exemplaire ».

Ceux qui nous avaient envoyé les policiers à Yuwang quelques mois plus tôt nous déroulent désormais le tapis rouge. Sans doute le succès du livre et la notoriété qui entoure cette histoire, y compris en Chine, nous assurent-ils une protection, mais, nous avons aussi montré que nous n'avions ni « double agenda », ni objectif caché. « Certains vous soupçonnent de faire de l'agitation en faveur des droits de l'homme », nous dira, ironique, un officiel chinois, des mois plus tard. Je me retiendrai de lui rétorquer que je prends ça pour un compliment.

Sur place aussi, la situation se calme. Lorsque nous arrivons à Yuwang à la nuit tombée, nous surprenons le directeur adjoint du collège en train de surfer sur Internet à l'aide d'un vieil ordinateur. L'accueil est chaleureux : « Vous êtes les bienvenus comme la braise sur la neige », lançe-t-il. Il nous explique ensuite qu'il souhaiterait que nous construisions le « pont de l'amitié » entre son collège et ceux qui l'aident à l'étranger, avant de nous confier qu'au début du nouveau semestre, quelques jours plus tôt, les boursiers de l'association sont venus le voir parce qu'ils n'avaient pas reçu l'argent. Il leur a répondu de ne pas s'inquiéter : « Vous êtes comme le pain dans la vapeur, ça viendra en son temps. » Deux jours plus tard, nous leur apportons l'argent des bourses.

Le climat de confiance est rétabli, nous envisageons un nouveau projet. Le directeur du collège, à qui nous demandons quelle serait sa priorité, nous répond sans hésiter : « des ordinateurs ». Devant notre surprise, il explique : « Si nos enfants quittent cette école sans avoir vu ou touché un ordinateur, nous aurons formé les nouveaux analphabètes du XXIe siècle. » Il a raison : une bonne partie de ses élèves feront sans doute partie du monumental exode rural qui a commencé en Chine, et qui verra quelque deux cents à trois cents millions de paysans quitter la campagne pour s'installer dans les villes d'ici les vingt prochaines années. S'ils n'ont pas eu un minimum d'accès à la technologie, ils constitueront un sous-prolétariat corvéable à merci.

Et quelle surprise lorsque nous apercevons les bâtiments du nouveau collège enfin sortis de terre. Il est financé par le gouvernement central de Pékin. « Comme les étrangers aident, le gouvernement a estimé qu'il lui fallait aussi aider », s'amuse un officiel. Nous nous engageons à financer une salle informatique dans ces locaux tout neufs quand ils seront achevés : inutile d'installer les ordinateurs dans les anciens bâtiments, la poussière et l'insalubrité en auraient vite raison.

Déception : les travaux sont interrompus au printemps, faute de crédits, et n'avaient toujours pas repris en décembre 2003, ce qui retarde d'autant la réalisation du projet. Le financement est pourtant disponible, grâce à la société de luxe française Hermès qui a organisé, en septembre 2003 à Pékin, des soldes réussis au bénéfice des Enfants du Ningxia...

Autre déception : une entreprise chinoise dans laquelle travaille un jeune Français qui a entendu parler de notre projet offre des panneaux d'énergie solaire pour le collège de Ma Yan. Mais, après examen, l'état de la toiture ne permet pas d'installer ces lourds panneaux, sous peine de les voir s'écrouler. Tout est à revoir.

En revanche, nous commençons à constituer une bibliothèque – inexistante jusque-là – avec des encyclopédies et des dictionnaires, mais aussi, sur l'initiative d'un étudiant allemand installé à Yinchuan, avec des bandes dessinées traduites en mandarin : Lucky Luke et Astérix débarquent à Yuwang !

Certains malentendus surgissent pourtant là où nous ne les attendons pas. Alors que l'association monte en puissance, nous proposons au collège, toujours dans l'idée de toucher l'ensemble des enfants et pas seulement les boursiers « privilégiés », d'offrir chaque matin un en-cas aux mille deux cents élèves, pour qu'ils ne commencent plus la journée le ventre vide. Ma Yan l'évoquait dans son journal, et nous avons pu le constater : tous les jours, les élèves se lèvent à l'aube pour courir, en rang par deux et vêtus de leurs tenues habituelles, dans les rues de Yuwang, sous les yeux des habitants sortis tout exprès pour les voir passer. Ils regagnent ensuite les salles de classe et travaillent. Tout cela le ventre vide en attendant le bol de riz de midi ! Notre idée est simple, et inspirée du verre de lait que Pierre Mendès-France faisait distribuer à tous les écoliers de France, dans les années 1950 : servir un bol de bouillon de riz, le petit déjeuner traditionnel de cette région. La responsable d'un programme des Nations unies qui finance des repas dans les écoles des régions défavorisées du monde s'apprête d'aillleurs à en faire autant auprès de cinq cent mille petits Chinois. Selon les rapports de l'ONU, un enfant au ventre plein étudie 40 % mieux qu'un enfant au ventre vide : on s'en doutait.

Initialement bien reçue, cette proposition est interprétée comme un geste humiliant vis à vis de familles qui ne peuvent pas nourrir leurs enfants. Nous tentons vainement de faire référence à l'initiative de Mendès-France, mais devons battre en retraite. L'argent des premiers petits déjeuners que nous avions déjà envoyé se transforme, avec notre accord, en « festin » pour tous les enfants et le personnel du collège : un repas exceptionnellement cuisiné avec de la viande. « C'est la fête à l'école », nous écrit le directeur, avec les photos des élèves faisant la queue devant les grands chaudrons de la cuisine.

Nous découvrons ainsi, à chaque étape, les difficultés et les pièges de l'aide au développement : bien d'autres sont déjà passés par là depuis les années 1960, ont vécu les mêmes désillusions et cherché en vain la meilleure façon d'agir. Nous étions partis la fleur au fusil, heureux de pouvoir offrir ces quelques bourses scolaires à des enfants du village de Ma Yan, mais il nous faut résoudre des contradictions sans fin. Comment choisir les bénéficiaires ? Comment gérer l'inégalité que génère cette sélection ? Sur quels critères se baser ? Faut-il limiter la bourse aux frais de scolarité quand la famille ne mange pas à sa faim ? Comment éviter de créer une mentalité d'assistés ? Comment avoir un impact social positif sur la communauté tout entière et pas seulement sur les « privilégiés » qui bénéficient d'une bourse ? Avec quels interlocuteurs dialoguer et agir ? Toutes ces questions et quelques millions d'autres surgissent sur un chemin que nous pensions pavé de nos bonnes intentions.

Tout le monde est pauvre à Zhang Jia Shu. Les résultats scolaires sont souvent influencés par la fatigue et les soucis. La motivation des enfants devient donc notre premier critère, faute de mieux… Ainsi, lorsque la fille d'un fonctionnaire de Yuwang nous écrit pour demander une bourse, nous nous fendons d'une lettre de refus la plus gentille possible pour lui expliquer que, même si sa famille connaît des conditions de vie difficiles, elle bénéficie d'un logement de fonction et surtout d'un salaire tous les mois. Dans d'autres cas, nous refusons d'aider trop d'enfants d'une même famille, mais là encore c'est injuste et cruel. He Yanping, qui est la première à lire les lettres, est parfois prise d'un profond découragement devant tant de détresse. Elle est agacée, aussi, quand un père de famille s'en prend à elle pour lui dire : « Tu penses que mes enfants ne sont pas assez pauvres pour que tu les aides ? »

L'imam et le dirigeant main dans la main

Toute la misère du Ningxia atterrit dans notre boîte aux lettres depuis que nous avons pris, aux yeux de ces villageois désespérés, la place à la fois des Nations unies, de la Croix-Rouge, du bureau des plaintes et, pour certains, d'un distributeur automatique de billets. Mais au milieu des demandes d'aide se glissent souvent des lettres de remerciements disproportionnées, au langage haut en couleur, qui nous donnent l'énergie de continuer.

Ma Hua, une jeune collégienne frappée de poliomyélite, nous écrit en avril 2003.

J'ai reçu vos 500 yuans. Je ne vous en avais pas remerciés, avez-vous cru que je vous avais oubliés ? Non. Je ne pourrai jamais oublier votre aide. Je ne peux que vous écrire : « Merci du fond du cœur pour votre aide. » Je ressemblais à une pousse d'arbre desséchée au soleil, vous êtes une pluie fraîche et bienfaisante qui est venue m'arroser. Et depuis ce moment, cette « pousse » a pu vivre. Ma vie est devenue gaie et heureuse. Je me demande tous les jours, comment remercier cette pluie ? Il n'y a qu'à étudier très très bien.

Autre bonne surprise : les enfants se montrent responsables vis-à-vis de l'argent qui leur est envoyé. Une boursière pensionnaire dans une autre ville nous donne ainsi le détail de ses dépenses :

J'ai acheté du dentifrice 2,5 Y, une serviette de toilette 2 Y, une carte de téléphone 10 Y, 4 paires de bas 6 Y, du produit pour le visage 5 Y, du savon 2 Y, j'ai emprunté 10 Y à quelqu'un pour me laver, une fois c'est 2 Y, en tout je me suis lavée cinq fois. Pour me soigner contre un rhume j'ai dépensé 30 Y. J'ai acheté dix enveloppes 10 Y, je me suis fait couper les cheveux 3 Y, un pot de colle 5 mao, du scotch 5 mao, du papier à lettres 1 Y, des sous-vêtements pour 10 Y (en tout), du shampooing 6 Y, deux cahiers pour 35 Y. Pour ce que je vais dire en dernier, ne soyez surtout pas fâchée, d'accord ? Après avoir couru en cours de sport, j'ai acheté un gâteau de riz glacé, mais cela n'arrivera plus, ne soyez pas fâchée, la prochaine fois j'apporterai de l'eau.

Pourtant, nos passages à Zhang Jia Shu deviennent problématiques car chaque villageois veut faire passer ses doléances. En février 2003, trois grand-mères se jettent à nos pieds pour nous supplier de les aider à payer les frais de scolarité de leurs petites-filles. Elles nous expliquent qu'elles reviennent de la ville où elles sont allées mendier pour récolter l'argent de l'école, et refusent de nous lâcher tant que nous n'aurons pas dit oui. Les responsables du village qui nous accompagnent doivent mettre fin à une scène difficilement supportable.

Le lendemain matin, l'imam et le secrétaire du Parti communiste du village débarquent pour s'excuser au nom des villageois. Nous leur soumettons alors une idée que nous pensions irréaliste : pourquoi ne pas constituer un comité de village pour centraliser les demandes de bourse et effectuer une première sélection avant notre arrivée ? Pour que ce comité soit crédible, je précise qu'il doit être représentatif et intégrer aussi bien l'imam que le chef du Parti, qui incarnent deux clans rivaux, comme dans les *Don Camillo* de mon enfance.

Le vieux secrétaire du Parti, un lourd manteau en cuir sur les épaules, et l'imam, de vingt ans plus jeune, tous deux coiffés de la calotte blanche des musulmans, se lancent un coup d'œil méfiant, puis répondent « d'accord ». Ils se serrent la main, et nous prenons la « photo de la réconciliation ».

Contre toute attente, le comité va bien fonctionner et alléger la pression. Fin août, nous recevons une liste d'enfants proposés pour des bourses, avec les deux signatures et les deux sceaux de l'imam et du secrétaire du Parti.

Une autre fois, on nous suggérera, plutôt que de choisir des boursiers, d'utiliser cet argent pour récompenser les élèves méritants du collège de Yuwang. Une sorte de prix d'excellence décerné par les Français aux meilleurs éléments. Cette vision élitiste a certes sa logique, qui est celle du gouvernement chinois, mais elle ne correspond absolument pas à celle de l'association, qui souhaite au contraire donner une chance à ceux qui n'en ont pas. Nous refusons donc. Nous ne sommes pas au concours d'entrée à l'ENA, et souhaitons simplement permettre à tous les enfants d'aller aussi loin qu'ils le pourront pour échapper au cercle vicieux de la pauvreté.

On nous reprochera également de vouloir imposer notre vision lorsque trois de nos boursiers doivent redoubler. On nous explique que la Chine est trop peuplée pour laisser une deuxième chance à ceux qui échouent : « Ici, vous avez une chance, si vous la ratez, c'est fini. » Nous plaidons au contraire la deuxième chance, soupçonnant la maladie ou la situation des parents d'être à l'origine de difficultés passagères. Hélène, une Française membre de l'Association, de passage à Pékin à cette époque, y met tout son cœur et nous obtenons finalement gain de cause.

Le manque d'eau au cœur du problème

Nous connaissons bien la région maintenant et les causes profondes de son retard. Le sous-développement scolaire n'est lui même qu'une des composantes du sous-développement économique, lequel découle d'handicaps quasiment insurmontables : sécheresse chronique, érosion du sol, enclavement... C'est à se demander s'il y a une sortie possible « par le haut », ou si cette terre est irrémédiablement condamnée à se vider progressivement de ses habitants. Et si c'est le cas, au-delà d'un soulagement immédiat, à quoi peut bien servir notre action ?

Le gouvernement provincial a certes inauguré un grand programme de transfert d'un million de personnes – sur les trois millions que compte le sud du Ningxia (le « triangle de Xi-Hai-Gu ») –, mais après cinquante mille transferts vers les terres proches du fleuve Jaune nouvellement irriguées, il a dû interrompre son action en raison de la baisse dramatique du niveau des eaux.

L'eau, voilà bien le cœur du problème. Tout le nord de la Chine souffre de pénurie, ce qui a amené le gouvernement à lancer, fin 2002, un projet pharaonique de détournement d'une partie du fleuve Yangtsé, vers le nord. Trois dérivations sont prévues, l'une à l'est, l'une au centre et la dernière à l'ouest, pour un coût global de 60 milliards d'euros – le genre de projet qui ne fait pas peur aux dirigeants chinois, tous ingénieurs de formation et fascinés par les défis lancés à la nature.

Pourtant, les paysans, premières victimes de la sécheresse, ne seront pas les premiers bénéficiaires de ce chantier géant : les récipiendaires de la future manne sont Pékin et Tianjin, deux mégapoles de quatorze et dix millions d'habitants, qui manquent cruellement d'eau, ainsi que des dizaines d'autres villes et zones industrielles du nord-est du pays. La capitale chinoise accueillant en 2008 les Jeux olympiques, le premier des trois itinéraires de dérivation prévus doit être achevé juste à temps.

« Le plus urgent, ce sont les routes de l'Est et du Centre », explique Zhang Guoliang, responsable du « bureau du transfert nord-sud » au ministère des Ressources hydrauliques à Pékin. Ces deux nouveaux lits du fleuve pointent vers Pékin et Tianjin, à l'exception d'une dérivation vers l'est du Shandong, région frappée de plein fouet par la sécheresse. L'ouest de la Chine et ses habitants, parmi lesquels les paysans du Ningxia, devront attendre trente à cinquante ans pour voir se réaliser la dérivation qui renflouera le fleuve Jaune en amont.

Quand la Chine a soif, ce sont les citadins qui boivent. Un paysan riverain du futur canal résume la situation à sa manière : « C'est comme les autoroutes, certains peuvent les emprunter et d'autres ne font que les voir. »

L'eau constitue assurément l'un des principaux défis au développement de la Chine. Les régions situées au nord du fleuve Yangtsé abritent 40 % des 1,4 milliard de Chinois, mais ne fournissent que 19 % de l'approvisionnement en eau nécessaire. Il faut donc en importer, ou se résoudre au sous-développement. Au manque d'eau structurel s'ajoutent des décennies de mépris de l'environnement – exploitations minières sauvages, surexploitation des sols et des nappes phréatiques, gaspillage, etc. – et leur corollaire : des centaines de lacs asséchés et, en aval, des fleuves qui terminent leur course à sec.

À Zhang Jia Shu, on prend toute la mesure du drame. Autrefois, le village disposait d'un puits de 30 mètres de profondeur. Il s'est effondré dans les années 1990 et n'a jamais été reconstruit, faute de moyens. Depuis, les villageois doivent marcher une heure pour trouver, au fond d'un ravin, une eau saumâtre impropre à la consommation, mais bien utile pour les tâches ménagères. « Il vaut mieux y aller à 4 heures du matin, il y a moins de monde », nous explique Bai Juhua, la mère de Ma Yan. Pour l'eau douce, les villageois doivent se contenter de la récupération de pluie et de neige, stockée dans ces citernes cimentées souterraines que chaque famille a creusées au fond son jardin. Quand les citernes sont vides, il ne leur reste plus qu'à plaider auprès des autorités pour recevoir une aide d'urgence. Ceux qui en ont les moyens peuvent toujours acheter des jerricans d'eau à Yuwang.

Peu à peu, nous en arrivons à la conclusion qu'il ne s'agit pas seulement de donner aux jeunes filles les moyens de se réinscrire à l'école, il faut prendre le problème à la racine.

Nous obtenons le financement d'un puits[1], via la filiale française de la multinationale américaine Procter and Gamble, grâce à notre amie Emmanuelle Polack, qui, associée aux éditions Nathan, a organisé un concours pédagogique lié aux questions

1. Ce concours vise à sensibiliser les collégiens au droit à l'éducation comme vecteur du développement durable. Il doit leur donner envie d'agir concrètement. Pour les y aider, les enseignants disposent d'outils pédagogiques regroupés dans un guide. Un « itinéraire de découverte » autour de la lecture du *Journal de Ma Yan* permet de travailler sur les thématiques soulevées par la jeune écolière chinoise. Pour en savoir plus, vous pouvez consulter le site Internet : www.enseignants.com/partenaires/pg/glossaire

du développement durable. Mais lorsque nous retournons à Zhang Jia Shu en décembre 2003 pour en informer le chef du village, nous apprenons qu'il a disparu depuis deux mois. Les paysans affirment qu'il est allé habiter en ville et l'accusent de tous les crimes. Plus d'interlocuteur pour un projet qui pourrait alléger les difficultés des villageois. Il faudra donc patienter pour faire avancer ce dossier pourtant capital.

Bilan 2004

Début 2004, après dix-huit mois d'existence, l'association Les Enfants du Ningxia parraine l'éducation de plus de deux cent cinquante enfants issus des villages autour de Yuwang. Ce nombre s'accroît chaque semestre et augmentera tant que les contributions arriveront. À la rentrée 2005, la première de nos boursières devrait arriver aux portes de l'université, la première fille de cette zone montagneuse alors que les garçons y parviennent depuis longtemps. Par l'éducation, les jeunes filles échappent au mariage forcé, aux enfants précoces et aux travaux forcés, c'est pourquoi nous concentrons notre effort sur elles. Chaque année d'école arrachée constitue une victoire sur la fatalité, une victoire modeste, certes, au regard des problèmes de la région, mais essentielle au niveau individuel.

Aujourd'hui, l'association est pourvue d'une équipe de bénévoles et dispose de moyens financiers accrus. Malgré tout, nous n'avons pu mener à bien autant de projets que nous le souhaitions. L'Association souffre assurément de son manque de structure permanente, de son absence de présence sur place, et, avouons-le, d'une bonne dose d'amateurisme.

À vrai dire, ces regrets ne pèsent pas lourd quand on rencontre, comme ce fut le cas en décembre 2003, nos boursiers et boursières. Leur optimisme retrouvé, leur appétit d'apprendre intact, tout cela tient du miracle si l'on considère l'environnement dans lequel ils continuent d'évoluer. Leur joie de vivre suffit à légitimer tous ces efforts.

je viens de finir de lire le journal de Ma yan; ce livre m'a fait comprendre combien j'avais de la chance d'habiter en France de pouvoir manger à ma faim à chaque repas. Le matin quand je me lève je me dis: pourquoi suis-je obligé d'allez en cour ? voir la sale gueule de mes profs ?!. je réalise que maintenant que j'ai de la chance! oui ce livre que j'ai acheté par hasard à la Fnac me donne une toute autre vision du monde actuelle dans lequel nous vivons. je ne vous fait pas découvrir le monde, mais ce monde est injuste! pourquoi Ma yan souffre t'elle tant (comme bien d'autre de sa région) elle se battra pour allez à l'école. ou plutôt sa mère qui se donne tant de mal pour pouvoir assurer un avenir meilleur pour ses enfants. J'aimerai faire quelque chose pour tout ces gens pauvre qui souffrent de la misère. Mais moi qui n'ait que 14 ans, je ne sais comment me rendre utile. j'ai mal au coeur. Je n'sais pas si je peux comprendre la douleure que Ma yan ressent. Dieu sait que moi non plus je n'ais pas trop eut de chance: je suis adopté, originaire du Salvador. pendant longtemp je pleurais, je voulais voir mes "vrai" parents. quitter à vivre dans la misère ne plus aller à l'école...

VII

Le phénomène Ma Yan, ou l'émotion partagée

Je viens de finir de lire Le Journal de Ma Yan *; ce livre m'a fait comprendre combien j'avais de la chance d'habiter en France, de pouvoir manger à ma faim à chaque repas. Le matin, quand je me lève, je me dis : pourquoi suis-je obligée d'aller en cours ? Voir la sale gueule de mes profs ? Je réalise maintenant que j'ai de la chance ! Oui, ce livre que j'ai acheté par hasard à la Fnac me donne une tout autre vision du monde actuel dans lequel nous vivons. Je ne vous fais pas découvrir le monde, mais ce monde est injuste ! Pourquoi Ma Yan souffre-t-elle tant (comme bien d'autres de sa région). Elle se battra pour aller à l'école, ou plutôt sa mère qui se donne tant de mal pour pouvoir assurer un avenir meilleur pour ses enfants.*

J'aimerais faire quelque chose pour tous ces gens pauvres qui souffrent de la misère. Mais moi qui n'ai que quatorze ans, je ne sais pas comment me rendre utile. J'ai mal au cœur. Je ne sais pas si je peux comprendre la douleur que Ma Yan ressent. Dieu sait que moi non plus je n'ai pas eu trop de chance : je suis adoptée, originaire du Salvador. Pendant longtemps, j'ai pleuré, je voulais voir mes « vrais » parents. Quitte à vivre dans la misère, ne plus aller à l'école... Pendant longtemps je me suis dit ça : qu'est-ce que j'ai fait de mal pour être arrivée ici en France ? En plus de ça, j'ai deux frères qui eux aussi sont adoptés. Il y en a un qui est handicapé, l'autre un échec total à l'école. Le Journal de Ma Yan *m'a fait comprendre que j'étais une ado pourrie-gâtée ! que j'ai de la chance, beaucoup de chance. La famille de Ma Yan a eu de la chance de vous rencontrer là-bas, comme vous dites, la bouteille à la mer est arrivée à bon port !*

Je ne sais pas pourquoi je vous écris, si c'est pour moi, dans mon intérêt d'avoir découvert quelque chose, peut-être que quelque part ce livre m'a aidée, ou est-ce que c'est pour encourager les gens qui versent de l'argent... Pour dire vrai, je ne sais pas ! Des lettres comme ça pour vous féliciter, vous avez dû en recevoir des milliers, je suis sûre ! ! ! Alors pour vous, ma lettre sera parmi tant d'autres ! Si ça se trouve, vous n'allez même pas prendre la peine de la lire... [...] Ce que j'ai retenu de tout ça est : la persévérance est la victoire ! ! !

ÉMILIE,
Juin 2003.

À la publication du *Journal de Ma Yan* en France, en octobre 2002, les réactions ne tardent pas à nous parvenir. Très vite, nous recevons des courriers de jeunes lecteurs français. Je ne m'y attendais pas, mais c'est chez les adolescents que le livre a eu l'impact le plus fort, au point de devenir un véritable phénomène qui a éveillé l'attention du ministère de l'Éducation nationale.

La lettre d'Émilie est l'une des plus personnelles. Cette jeune fille de quatorze ans, qui habita en province, n'avait pas mis son adresse, je n'ai donc pas pu lui dire que je l'avais bien lue et qu'elle m'avait touché…

Et puis, il y a Malimda, une jeune Togolaise qui vit dans la région parisienne. Cette lectrice du magazine *Okapi*, a souhaité écrire une lettre à Ma Yan.

Quand j'ai lu ton histoire, cela m'a fait prendre conscience qu'il n'y a pas que dans ma famille qu'on a des problèmes. Tu vas dire qu'on a quand même de l'argent pour avoir fait ce voyage, mais ici, en France, je suis comme toi. Je n'ai personne, je vais de maison en maison. Tu vas dire que mon école est une école pour riches, mais c'est faux. Je me sens inférieure aux autres. Pendant que les autres disent : « Je vais demander ceci, cela », moi je me tais, car je sais que personne ne pourra me l'acheter. Franchement, je te félicite et je vais te dire quelque chose : si un jour tu trouves de l'argent, fais-toi tous les plaisirs du monde, sans oublier tes parents qui, malgré leur pauvreté, t'ont amenée à l'école, parce qu'ils t'aiment beaucoup. Je peux te dire qu'avant je ne connaissais pas les mots « je t'aime ». Je ne les ai appris qu'à douze ans. Moi aussi, j'ai des rêves comme toi, et, comme toi, je suis pauvre. Quand j'ai lu ton histoire, je me suis dit que je n'étais pas la seule à être comme ça, mais toi, je te félicite vraiment. J'aimerais tant que tu me tiennes au courant de ton évolution, ça me donnera du courage.

Créer une passerelle entre deux univers

Signe avant-coureur de cet intérêt lors de la publication du reportage consacré à Ma Yan dans *Libération*, en janvier 2002 : Emmanuelle Polack, alors professeur dans un collège de la région parisienne, a lu l'article à ses élèves de sixième. « Lorsque j'ai fini de lire, raconte-t-elle, plusieurs de mes élèves étaient en larmes. L'un d'eux a levé la main et a demandé : "Madame, qu'est-ce qu'on peut faire pour l'aider ?" » Les élèves ont décidé de collecter de l'argent, deux euros par personne, et ont envoyé cent euros à Ma Yan. Ils y ont joint une photo de leur classe, au dos de laquelle ils ont écrit : « Tiens bon dans tes études, les enfants français sont avec toi ! »... Cette photo occupe une place de choix sur un mur de la maison de Ma Yan, à côté des nombreuses photos de famille.

Précisons que le collège de Villiers-le-Bel où enseignait Emmanuelle appartient à l'Organisation réseau travail (ORT), une organisation juive d'enseignement qui date de la fin du XIXe siècle. De jeunes juifs français se sont donc portés au secours d'une petite musulmane chinoise sans se poser d'autre question que celle dictée par l'élan du cœur : une petite note optimiste dans une période troublée…

En octobre 2002, Emmanuelle a déjà rejoint Les Enfants du Ningxia. Elle me suggère de venir expliquer à ses élèves comment nous avons utilisé l'argent des dons. Un matin d'automne, je me retrouve donc, en compagnie de Michèle Fitoussi, face à une soixantaine d'élèves de douze, treize ans. Sur les murs, des panneaux qu'ils ont confectionnés tout au long de l'année scolaire, sur la Chine, sa culture, ses problèmes de développement, le sort des filles. Tous peuvent pointer du doigt le village de Zhang Jia Shu sur la carte de l'immense Chine…

Un élève explique que, bien sûr, il savait, par la télévision, qu'il y avait des enfants pauvres dans le monde, mais qu'il peut désormais mettre un nom et un visage sur ce qui lui paraissait abstrait. À la fin de la rencontre, deux jeunes filles timides me remettent un papier sur lequel elles ont écrit : « Jusqu'à ce que nous découvrions l'histoire de Ma Yan, nous n'aimions pas aller à l'école.

Aujourd'hui, nous comprenons la chance que nous avons d'avoir des parents qui nous permettent de faire de bonnes études. Merci de nous avoir ouvert les yeux. »

Je n'en reviens pas !

Cette remise en question apparaît, tel un leitmotiv, dans les nombreuses lettres destinées à Ma Yan, qui arrivent au magazine *Okapi*.

Sandrine, treize ans : « Avant, je trouvais l'école pas intéressante, débile ! ! Merci, tu m'as remise dans la bonne voie d'aimer l'école. »

Yoann, treize ans : « Avant de lire un article à ton sujet, je trouvais l'école trop embêtante. Quand j'ai lu cet article, j'ai eu un choc. »

Élodie, treize ans : « En lisant ton histoire, j'ai réalisé à quel point j'ai de la chance d'avoir la vie que j'ai. Bonne chance à toi. »

Jonathan, quinze ans : « J'ai été profondément ému en apprenant la vie que mènent ces jeunes Chinois. Je crois que je ne me plaindrai plus jamais, même si je n'habite pas dans ma famille. »

Toutes ces réactions créent une passerelle entre deux univers qui n'auraient jamais dû se croiser. Cela fait partie du « miracle » qui entoure toute cette aventure.

Pour beaucoup d'adolescents, la lecture du *Journal de Ma Yan* constitue la première prise de conscience du « monde réel ». Deux e-mail parmi d'autres :

Bonjour, je m'appelle Solène, j'ai douze ans et demi, et je voudrais savoir comment aider votre association. J'ai lu l'article concernant Ma Yan et je trouve totalement dégoûtant que des gens puissent vivre encore comme cela au XIX*e* *siècle. J'espère que vous récolterez beaucoup de fonds pour la cause que vous défendez.*

Alice, quinze ans, élève d'une très bonne école privée parisienne :

Je me suis rendu compte, en lisant ce livre, que nous, Occidentaux, ne savons rien de la misère des autres, notamment les pays du « Sud ». C'est vrai, on sait qu'ils sont très pauvres, mais on n'arrive pas à mesurer le degré de pauvreté, la réelle misère dans laquelle ils vivent. ça me révolte ! J'ai même parfois honte de moi... Par exemple, je suis là, en train de penser comme tous les adolescents à mes petits problèmes d'amour, à ma mauvaise note, à mon engueulade avec mes parents, au nouveau jean que je n'ai pas encore acheté... Ou bien je me surprends à râler parce qu'on a oublié d'acheter mon dessert préféré. RIDICULE ! Et dire qu'au même moment Ma Yan est en train de se dire des choses tellement plus graves : « Il faut que je réussisse mes études ! Maman ne vit que pour que mes frères et moi ayons une vie meilleure que la sienne... » Ou bien : « Quand est-ce que je reverrai Maman, elle qui est partie ramasser le fa cai. »

Les lecteurs du journal français pour adolescents, *L'Actu*, élisent Ma Yan « ado de l'année 2002 ». Le magazine publie quelques réponses de ses lecteurs :

Clarisse, quatorze ans : « J'ai trouvé bien qu'elle se batte pour ses droits. Elle a été courageuse. Et puis, beaucoup de jeunes aujourd'hui ne se rendent pas compte de la chance qu'ils ont d'aller à l'école. »

Evan, quatorze ans : « Ce qui m'a marqué, c'est la différence entre nos deux vies. Pour moi, aller à l'école est normal, alors qu'elle n'a pas cette chance. Je l'ai trouvée très courageuse... » Émilie, seize ans : « J'ai voté pour elle car beaucoup de gens pensent que l'éducation n'est pas très importante. On veut toujours moins de cours et plus de vacances. Avec l'histoire de Ma Yan, on voit combien l'éducation compte pour un enfant. »

Autre réaction, encore plus radicale. Lorsqu'un professeur du lycée français de Pékin fait lire le reportage de *Libération* à ses élèves de cinquième, l'un deux conclut : « J'ai compris que j'étais un privilégié. »

Les enseignants ont vite perçu à quel point l'histoire de Ma Yan aidait les adolescents à comprendre leur place dans ce monde, à intégrer les notions de solidarité et de justice, mais aussi à exprimer des préoccupations plus personnelles. « Comme beaucoup d'enseignants, écrit l'un d'eux, je suis confronté au manque de motivation scolaire que présentent certains élèves, et je tente d'y remédier à ma façon. Cette histoire m'a tout de suite semblé un point de départ idéal pour faire réfléchir les enfants et pour les amener à comprendre (d'une manière positive et constructive) l'importance et les bienfaits de l'école. » Un professeur en ZEP, dans l'Est de la France, dont les élèves sont en grande difficulté scolaire, nous écrit qu'il a régulièrement fait référence à l'histoire de Ma Yan en cours. « Une partie d'entre eux a réellement été touchée par l'histoire de Ma Yan, et a exprimé le désir de lui envoyer quelque chose, ou au moins d'essayer de correspondre avec elle. » Résultat : une vingtaine de lettres, dessins ou poèmes adressés à Ma Yan, et sur chacune… un stylo scotché. On sait pourquoi[1]…

Beaucoup d'adultes ont également été touchés par le témoignage de Ma Yan. Certains décident d'envoyer un chèque à l'Association dès qu'ils ont refermé le livre, d'autres éprouvent le besoin d'écrire.

Ainsi, cette habitante de Chartres nous confie que « ce livre [l]'a touchée car cela [l]'a projeté dans [s]on enfance où [s]es parents se "sacrifiaient" eux aussi pour [s]a scolarisation (dans d'autres proportions qu'en Chine évidemment) ».

Une autre lectrice écrit une longue lettre aux Enfants du Ningxia qu'elle souhaite aider. L'occasion de raconter un petit bout d'histoire de France :

1. Voir les extraits du journal, p. 19.

Chères petites écolières du bout du monde, en Chine,

Je suis très heureuse de participer à la fréquentation de l'école pour vous toutes et je vais vous raconter l'histoire du grand-père de ma maman. Mais je ne veux pas l'écrire à l'une d'entre vous en particulier, mais pour toutes celles qui voudront bien lire l'histoire.

En France, il n'y a pas très longtemps que tous les enfants sont obligés d'aller à l'école. Chez nous, l'école est gratuite, laïque et obligatoire. Ma Maman a quatre-vingt-sept ans, et elle est née dans une ville qui s'appelle Bourges, capitale de la province qui s'appelle le Berry, qui est très connue pour les moutons qu'on y élevait jadis. Son grand-père, Michel, était né en 1860 dans un bourg à quelques kilomètres de la grande ville. Ses parents étaient pauvres, ils étaient métayers, et lui était un petit berger qui gardait un troupeau de moutons. Certains des enfants du village avaient des parents qui pouvaient payer l'école et ils apprenaient à lire.

Le petit Michel aurait bien aimé apprendre à lire, et ses petits camarades lui apprenaient des lettres sur le journal, mais il n'allait pas à l'école. Un jour, le maître d'école a appris que le petit berger voulait apprendre à lire et à compter. Alors, après les heures de classe, il a pris l'enfant chez lui, et il lui a appris à lire et à compter, bien entendu sans le faire payer. Michel a grandi, il est devenu ouvrier dans une usine de la grande ville, et il s'est marié et a eu trois garçons. En ville, il a fait connaissance de l'abbé Morieux, un savant, qui l'a initié à la littérature, et qui lui a fait lire Voltaire et les poètes.

Les deux hommes, l'anticlérical et l'abbé, sont devenus amis, contre toute attente. À la fin du siècle, l'école est devenue obligatoire, et Michel a, bien entendu, envoyé ses trois fils à l'école. Ils ont bien réussi tous les trois, et Michel était tellement ébloui par le peu d'instruction que lui avait donnée le maître d'école qu'il voulait que les trois enfants deviennent des maîtres d'école, car pour lui c'était le plus beau métier du monde. L'école supérieure pour devenir des professeurs était gratuite aussi, mais il fallait nourrir toute la maisonnée et payer les livres et les vêtements des fils. Alors Michel a réussi à acheter un petit terrain, il a construit une maison et il a travaillé dans son jardin, le soir, après l'usine, pour vendre des légumes.

Un fils est devenu instituteur, un autre est devenu instituteur et imprimeur. Mais le troisième, le père de ma maman, ne voulait pas devenir instituteur, lui voulait dessiner. Alors Michel, furieux, après plusieurs essais infructueux, considérant que le dessin ne menait nulle part, l'a mis à la porte... Le père de maman est devenu dessinateur industriel à l'usine et, hélas, il est mort très jeune. Considérant que les gens pauvres avaient peu de chances dans la vie s'ils n'étaient pas instruits, le grand-père de maman a adhéré au Parti des travailleurs ainsi que ses enfants.

Avant Michel, tous les ancêtres de ma famille ont déclaré « ne pas savoir signer » sur les actes de naissance, de décès, ou dans les contrats, et c'est pour cette raison que je suis très touchée de savoir que des petites filles, dans un pays que je ne connais pas, veulent aller à l'école, et c'est ainsi que j'aide comme je peux. Vous avez raison, et je pense à tous mes ancêtres qui n'ont pas eu la chance d'aller à l'école. Ils auraient sans doute été moins malheureux.

Une adhérente de la première heure de l'Association nous confie que cette histoire a réveillé chez elle le goût de l'engagement :

Sachez que cette aventure avec tous les gens de l'association a développé chez moi aussi l'idée que l'on « pouvait » [...]. Franchement, s'il n'y avait pas eu Ma Yan pour savoir que l'impossible est possible, je n'aurais probablement pas eu cette démarche. Je sais une chose, c'est que l'on peut faire beaucoup en étant constant et décidé. Et ça, je l'ai appris en Chine.

Alors qu'elle noircissait ces petits carnets, Ma Yan pouvait-elle penser qu'elle toucherait au plus profond d'eux-mêmes des adultes et des enfants à l'autre bout du monde ? Assurément pas, et cela participe du destin incroyable de ce journal.

Quand le journal de Ma Yan revient dans son pays

En publiant ce texte, je n'avais pas imaginé qu'il aurait un tel impact en France, encore moins que les jeunes Chinois réagiraient avec la même émotion. Une jeune fille de Chengdu, la capitale du Sichuan, une province de l'ouest de la Chine, à des centaines de kilomètres du Ningxia, écrit à Ma Yan une lettre qui ressemble à s'y méprendre à celles des enfants français.

Je détestais mon école bien que les conditions y soient très bonnes. Je n'avais pas de soucis, mais la quitter m'était chaque fois un soulagement. Je n'étais pas sérieuse, je ne pensais qu'à m'amuser et à regarder la télé. Mais hier, en arrivant à la fin de ton livre, j'ai compris plein de choses. Aujourd'hui est pour moi un nouveau départ. Je veux acquérir des connaissances, je veux préparer le concours d'entrée à l'université. Nous devons travailler ensemble pour le bonheur de demain.

À croire qu'il existe aujourd'hui moins de différence entre un adolescent chinois des grandes villes et un jeune Français qu'entre un citadin et un rural chinois. En lisant *Le Journal*, les adolescents chinois ont découvert un univers dur dont ils ne soupçonnaient pas l'existence. Eux aussi ont été émus par l'acharnement à étudier de cette jeune fille du

Ningxia. Un enfant du Zhejiang, la province la plus riche de Chine, sur la côte Est du pays, fait cet aveu à Ma Yan :

J'ai lu ton livre et j'ai pleuré. Je l'ai lu à toute la classe, et ils ont trouvé ça très bien. Je sais que vous avez besoin d'ordinateurs, mais je ne peux pas t'en envoyer. À la place, je t'envoie un livre d'informatique [...]

Et de conclure par un slogan sans doute appris à un cours d'éducation politique – matière obligatoire à l'école :

Gagner l'honneur pour ta famille et pour ton pays, réaliser la modernisation de tout le pays et la grande renaissance de notre peuple.

Un jeune homme, ancien militaire, partage ses souvenirs :

Oncle et tante Ma, vous devez être fiers d'avoir une fille pareille. Tous ses succès sont dus à votre dur labeur. J'ai des remords car j'ai mal étudié et aujourd'hui je me fais des reproches en lisant ton journal. Te souviens-tu de ce que tu écris le 19 décembre ? « Les cheveux de mon père sont pleins de neige. » Moi aussi, mon père m'accompagnait à l'école. Je dois aussi beaucoup à mes parents. Ma Yan, jeune sœur, tu m'as donné le courage de me relever. Les connaissances donnent la force, les connaissances changent le destin.

Je reçois moi-même la lettre d'un professeur de Tansha – ville du Hebei frappée dans les années 1970 par un terrible tremblement de terre –, qui me décrit l'impact du livre sur ses élèves.

Nous vous avons connu par Ma Yan. Je vous écris au nom des vingt-neuf élèves de ma classe dont je suis le professeur principal : ils vivent dans des conditions meilleures que celles de Ma Yan, mais ne savaient pas l'apprécier. Votre « conte de fées moderne qui a ému le monde » [le slogan publicitaire choisi par l'éditeur chinois] *a vraiment ému le cœur de chacun d'entre nous. Quand j'ai* lu Le Journal de Ma Yan *devant eux, j'ai vu les larmes dans leurs yeux. Depuis, ils ont commencé à changer. Ils sont devenus grands. Ils comprennent les choses. Ils ont vraiment compris que la pire condition n'est pas la pauvreté ni la mauvaise chance, mais l'état d'esprit sans conscience. Il faut poursuivre avec effort pour accomplir des miracles...] Le 15 décembre a été un jour très émouvant pour nos élèves et professeurs. Il est arrivé ce matin-là une lettre venue du lointain Ningxia. Dans cette lettre, Ma Yan nous dit qu'elle veut étudier avec nous pour surmonter tous les obstacles. Les enfants m'ont demandé de vous écrire pour vous remercier de votre sincérité... Grâce à vous, ils ont connu leur grande sœur Yan et ont reçu ses encouragements.*

Nombre de lecteurs découvrent une réalité qu'ils avaient préféré ignorer jusque-là. Un reporter d'un grand hebdomadaire chinois envoyé à Zhang Jia Shu pour enquêter sur le « phénomène Ma Yan » nous appelle, sitôt arrivé sur place, pour nous faire part de son étonnement face à tant de misère : « Je ne savais pas qu'il restait des coins comme ça dans la Chine d'aujourd'hui », nous déclare-t-il sous le choc. Une habitante de Pékin, quant à elle, ne soupçonnait pas que des enfants puissent encore avoir faim en Chine. Et voici une réaction très symbolique de cette frange de citadins – minoritaire il est vrai – qui n'a pas succombé aux délices de la classe moyenne :

J'ai été vraiment touché, et j'ai eu honte que l'auteur soit un journaliste français, me confie un habitant de Xian, croisé au hasard d'un reportage. *Mais, après réflexion, j'ai trouvé cela normal, car peu de gens s'intéressent à la situation des paysans. La société reste indifférente depuis longtemps à leur situation misérable. À la télévision, ce sont toujours les économistes, les entrepreneurs, les stars – ceux qu'on appelle les héros contemporains – qui font les discours, expriment leur opinion. Tout ça ne concerne pas les gens du peuple. [...] Il est temps de faire la guerre à la pauvreté. Depuis des milliers d'années, les paysans vivent laborieusement, honnêtement, sur la terre. Ils ont droit à l'éducation, d'avoir une vie raisonnable. Mais leur fardeau est trop lourd. On ne veut pas connaître la campagne, mais comment la société peut-elle se développer harmonieusement sans paysans ?*

Lorsque j'ai été invité, en mars 2003, à faire une conférence sur le *Journal de Ma Yan* à la toute nouvelle Alliance française de Nankin, l'ancienne capitale située à trois cents kilomètres de Shanghaï, une petite centaine de personnes – surtout des Chinois, et parmi eux beaucoup d'étudiants – s'est déplacée. Au cours du long débat qui a suivi, une journaliste locale m'a fait remarquer qu'on a pu parler de ce sujet ouvertement parce que le *Journal* avait été publié en France. « Si j'avais moi-même trouvé ces carnets, je n'aurais sans doute pas été autorisée à les publier », constate-t-elle avec lucidité.

Quelques mois plus tard, en décembre 2003, un professeur de l'université de Beida, la grande université de Pékin, me propose de tenir une conférence pour des étudiants, à ses yeux, trop obnubilés par leur désir de faire fortune. L'auditoire est composé d'une trentaine de jeunes gens, dont trois originaires du Ningxia. À la fin, une jeune fille qui vient d'une ville du sud de la province, nous avoue : « J'essaye souvent de parler des problèmes du Nord-Ouest de la Chine à mes camarades de dortoir, mais ça ne les intéresse pas. »

Quand les éditeurs chinois découvrent un livre... chinois

Néanmoins, lorsque des éditeurs chinois, alertés par des articles de la presse chinoise sur l'écho rencontré par le livre de Ma Yan en France, ont commencé à s'y intéresser, on aurait pu penser qu'ils renonceraient à le publier, après avoir compris de quoi il s'agissait : des Ma Yan, la Chine en compte des millions. Mais pour les Chinois nés dans les années 1980, dans une Chine urbaine embarquée sur la voie des réformes économiques et débarrassée des outrances de la période maoïste, la vie à la campagne est devenue une abstraction lointaine. Même si neuf cents millions de Chinois continuent d'y vivre.

Pas moins de sept éditeurs font des offres pour racheter les droits du *Journal de Ma Yan*. Suprême hommage, nous devons faire face à une tentative de piratage réalisée à partir de carnets dérobés chez Ma Yan par des journalistes venus l'interviewer... Car certains acceptent mal l'idée de devoir racheter à un éditeur français les droits d'un manuscrit chinois. Il faut dire que la situation n'a guère de précédents.

Nous découvrons les subtilités de l'édition « à la chinoise ». Face au monopole de l'État, émerge un « deuxième canal » : des éditeurs privés montent des projets éditoriaux, puis concluent un accord avec un éditeur public disposant du « numéro d'autorisation » légal indispensable à la sortie d'un livre. Pour certaines maisons du secteur étatique, ce quota de « code-barres » constitue une rente dont elles vivent grassement, laissant les éditeurs privés prendre tous les risques et faire tout le travail...

Nous choisissons finalement Shi Tao, le directeur des éditions Broadway Books, qui passera ensuite un accord avec les éditions d'État Hua Xia de Pékin. Cet éditeur privé, toujours à l'affût de projets éditoriaux originaux, présentait à nos yeux la meilleure candidature, car il se refuse à faire du *Journal* un simple produit de marketing. « Ce n'est pas seulement l'histoire de Ma Yan. C'est celle de beaucoup d'enfants chinois qui ont dû arrêter l'école, déclare-t-il devant la presse chinoise lors de la sortie du livre. La lumière humanitaire de cette histoire rayonnera pour toujours. Éditer *Le Journal de Ma Yan* est pour moi presque une mission. En tant que Chinois, je sens très fort dans cette histoire cette envie de changer le destin. C'est un sentiment puissant. »

L'édition chinoise contient l'intégralité du *Journal de Ma Yan*, la préface et une partie seulement de l'appareil documentaire de l'édition française, qui n'a bien sûr pas de sens pour les lecteurs chinois. En revanche, a été ajoutée une postface qui raconte tout ce qui s'est passé depuis la parution du livre en France, notamment la naisssance de l'association et ce qu'elle a entrepris sur place. La postface se conclut sur la lettre de Ma Shiping et son mariage forcé, une réalité dont on parle peu en Chine et qu'il fallait à tout prix aborder ici.

Autre différence : les fautes de mandarin de Ma Yan ont été laissées intactes par l'éditeur, pour que les lecteurs puissent constater que l'enseignement rural est de moins bonne qualité que celui des villes…

L'éditeur n'a exercé aucune censure. Elle existe pourtant toujours en Chine : à l'automne 2003, la traduction chinoise des mémoires de Hillary Clinton a été « caviardée » de tous les passages politiquement délicats pour le pays. L'ex-première dame des États-Unis a demandé le retrait pur et simple de cette édition. Mais nous n'avons pas rencontré de telles difficultés, sans doute parce que le *Journal* est sorti à un moment où la Chine s'interroge publiquement sur le trop grand fossé qu'elle a laissé se creuser entre villes et campagne. Le livre a eu, bien au contraire, un large écho dans le public et a été très correctement traité par la presse officielle chinoise, et pas seulement sous l'angle du « conte de fées », mais aussi sur le fond. Un grand quotidien national a titré : « Une voix pour les sans-voix ». Suivait ce commentaire : « Cette fille ordinaire du Nord-Ouest pauvre de la Chine a donné une voix aux dizaines de milliers d'enfants des régions rurales sous-développées du pays. » La dépêche de la très officielle agence Chine nouvelle est pour sa part joliment titrée : « Le journal de Ma Yan retourne dans son pays. »

Une houle d'émotion dans tout le pays

Si le livre de Ma Yan a si bien été accueilli par les médias chinois et a connu une réelle notoriété, les ventes n'atteignent pas d'incroyables sommets. Explication de l'éditeur Shi Tao : contrairement à ce qui s'est passé dans les pays occidentaux, les parents n'ont pas voulu faire lire cette histoire à leurs enfants. Ce n'est pas l'exemple qu'ils veulent mettre en avant, ils préfèrent le best-seller du moment (vendu à un million d'exemplaires), un livre écrit par une mère chinoise : *Comment j'ai préparé ma fille pour l'université de Harvard*... Sans commentaire ! « C'est ce qui marche le plus en Chine, même si ce n'est pas ce que les jeunes ont nécessairement envie de lire », explique Shi Tao. Les autres best-sellers de 2003 sont, outre les mémoires de Hillary Clinton, celles du footballeur Beckham, l'incontournable *Harry Potter*, mais aussi l'ouvrage de l'économiste Hayek et des livres de management...

Certaines initiatives méritent toutefois qu'on y prête attention, comme celle du promoteur immobilier Pan Shiyi, l'un des personnages les plus branchés de Pékin. Issu d'une famille extrêmement pauvre du Gansu, la province voisine du Ningxia, il a été ému par *Le Journal de Ma Yan* et en a acheté cinq mille exemplaires pour les distribuer dans les écoles. Une galerie d'art contemporain de Pékin a, quant à elle, décidé d'organiser une vente aux enchères au profit des Enfants du Ningxia.

Plus anecdotique, ce motard de la circulation qui m'arrête pour une manœuvre interdite dans une rue de Pékin. Lorsqu'il découvre mon nom chinois sur mon permis de conduire, il me déclare aussitôt : « C'est toi qui aide cette enfant du Ningxia ? Je t'ai vu à la télévision, ce que tu fais est bien. » Et il me laisse partir sans me verbaliser !

En septembre 2003, à l'occasion de la sortie de l'édition chinoise du *Journal*, Ma Yan et sa mère reviennent à Pékin. Quel contraste en un an : la jeune fille a pris de l'assurance, elle a mûri. Comme l'année précédente, nous organisons une petite soirée en leur honneur à la maison. À nos amis ravis de les rencontrer, se joignent, par un heureux hasard, les membres de la délégation française au Salon du livre de Pékin, et parmi eux… Antoine Gallimard, directeur de la maison d'édition du même nom. Li Zhensheng, le photographe de la révolution culturelle, dont les photos sont exposées au même moment à l'hôtel de Sully à Paris, nous rend également visite. Un texte chinois publié en France que les éditeurs chinois se sont ensuite disputé, il s'agit à l'évidence d'un événement peu banal ! Ma Yan est vite happée par un petit Français, plus jeune qu'elle, qui lui pose des questions très précises : « page 38, tu dis que… ».

Pour le lancement du livre, Shi Tao, l'éditeur chinois, a bien fait les choses. Il a même organisé une conférence de presse à laquelle sont conviés des lycéens pékinois du même âge que Ma Yan. Une bonne trentaine de journalistes, dont ceux de trois chaînes de télévision, sont également présents, mais Ma Yan n'est nullement intimidée. Elle raconte notre aventure, le Ningxia, la campagne, l'école, répond aux questions. Puis sans transition, elle parle d'une jeune fille de son âge qui n'a pu poursuivre sa scolarité, a été mariée de force par ses parents, et qui attend déjà un enfant. Des sanglots dans la voix, elle s'empare de son livre, et lit la lettre de sa cousine Ma Shiping[1]. Toujours en pleurs, elle avoue ensuite : « Aujourd'hui, quand j'entends le mot "mariage", j'ai peur. », avant de se tourner vers He Yanping et moi pour nous remercier de l'avoir fait échapper à ce sort. L'émotion submerge l'assistance. Près de la moitié des journalistes a les larmes aux yeux. Je dois retirer le micro des mains de Ma Yan pour la calmer.

Deux jours plus tard, j'accompagne Ma Yan et sa mère sur le plateau d'un *talk-show* de la chaîne CCTV[2]. Le plateau est décoré des photos du livre, extrêmement agrandies. Bai Yansong, le présentateur vedette de la télévision nationale, explique que « ce livre, exporté puis réimporté, a ému le cœur des étrangers et celui des Chinois ». Il conclut ensuite l'émission sur ces mots : « Ce qui nous

1. Voir le chapitre II.

2. *Le Salon des invités de l'information*, émission diffusée sur la chaîne info CCTV, le 3 octobre 2003.

motive, quand on s'intéresse à Ma Yan, c'est qu'elle nous permet d'entrevoir le sort de beaucoup d'autres enfants comme elle. »

Plus tard, Ma Yan nous rapporte que les lecteurs chinois de son *Journal* lui ont confié *« qu'ils ne savaient pas qu'il y avait des endroits aussi pauvres en Chine. Ils s'en veulent alors que oncle Han et tante He y sont allés »*… Elle espère que son journal « aidera à créer une sympathie pour [sa] région et les autres régions pauvres du pays ». Cela ne restera peut-être pas un vœu pieux.

VIII

La Chine nouvelle, ou le Grand Fossé social

Le contraste ne pouvait être plus grand. À peine ai-je quitté Zhang Jia Shu et son école misérable, que je suis invité à participer à une fête costumée à Pékin. L'organisateur : un club d'hommes d'affaires chinois spécialisés dans la haute technologie. Le thème : les années 1960, occidentales ou chinoises.

Le ton est donné dès la sortie de l'ascenseur : de ravissantes hôtesses en uniforme vert olive, badge de Mao épinglé à la poitrine et casquette avec étoile rouge sur la tête, accueillent les visiteurs en chantant gaiement des airs révolutionnaires. La plupart des invités ont eux aussi choisi de se travestir en gardes rouges de la Révolution culturelle, et, pour faire plus vrai encore, certains ont apporté des pancartes que l'on accrochera au cou de « contre-révolutionnaires » pour les humilier.

Un spectacle dérangeant : tous ces PDG, cadres de start-up et femmes d'affaire ont visiblement oublié quelle tragédie fut cette prétendue « Révolution culturelle » imposée par Mao dans ses jeux de pouvoir. Des millions de victimes arrachées à leur travail et à leurs familles, humiliées en public, jetées en prison ou carrément exécutées. La Chine moderne a des troubles de mémoire. Ces hommes d'affaires, qui parodient ainsi les fonctionnaires d'hier, appartiennent pourtant à l'aile éclairée de la nouvelle élite pékinoise... Seule une minorité des invités a choisi de s'habiller à l'occidentale, confondant allègrement les époques, du rock au punk en passant par le disco...

La soirée, sponsorisée par la chaîne musicale MTV, est pourtant joyeuse et insouciante. On me décerne même un prix pour le meilleur costume, et j'explique que je n'ai pas eu à me forcer : lycéen parisien après 68, je portais volontiers le badge de Mao à l'époque. J'ajoute : « La prochaine fois que vous faites une révolution, faites-la vraiment culturelle ! »... Ce qui fait rire tout le monde.

La soirée se termine par la visite d'un appartement témoin : moquette de plusieurs centimètres d'épaisseur, télé à écran plat encastrée, mobilier nouveau riche clinquant à souhait.

Difficile de ne pas penser à la pauvre maison des paysans de Zhang Jia Shu. Si cette soirée est à bien des égards caricaturale, c'est l'ensemble de la société qui a tourné le dos à ceux qui, il n'y a pas si longtemps encore, incarnaient la révolution maoïste dans toute sa pureté ? C'est-à-dire les paysans, soit deux Chinois sur trois !

C'est ainsi : la vie d'un journaliste étranger en Chine est faite d'un aller-retour permanent à travers le miroir qu'est ce gigantesque pays. Un jour à Zhang Jia Shu chez les plus pauvres, le lendemain avec l'élite économique de Pékin. Un jour au luxueux quartier général de la société de télécom Huawei, à Shenzhen, le lendemain dans un village du Guangxi où on tue les bébés filles à la naissance pour garder une chance d'avoir un garçon. Un jour à l'inauguration d'un centre de fitness de Shanghai où on peut faire ses exercices tout en relevant ses e-mails et en vérifiant les cours de la Bourse, le lendemain à Liaoyang, dans le nord du pays, auprès de la famille d'un dirigeant d'ouvriers en colère condamné à sept ans de prison… Une fascinante traversée dans un sens comme dans l'autre, que les Chinois eux-mêmes se gardent bien d'effectuer, tant sont frappantes les disparités et les injustices sociales qui déchirent en profondeur cet immense pays.

Un colosse bien réveillé

On s'extasiait autrefois des « miracles politiques » attribués au président Mao, on est aujourd'hui ébahi par les performances économiques d'un pays qui a changé de cap sans changer de régime. Depuis plus de deux décennies, la Chine affiche des taux de croissance insolents et, selon la banque d'affaires Goldman Sachs, devrait même devenir la première puissance économique mondiale avant 2041.

L'homme de la métamorphose est évidemment Deng Xiaoping, le Petit Timonier, qui, à deux reprises, à la mort de Mao en 1976, puis après le massacre de Tianan men en 1989, a mis la Chine sur les rails de la modernisation économique. « Deng, soulignent Jean-Luc Domenach et Philippe Richer, fait redescendre le communisme sur terre, en Chine même, pourrait-on dire, puisqu'il le rend à sa vocation profondément nationaliste qui est de sauver le pays et de le moderniser[1]. »

Après tant d'illusions et de mythes, les résultats sont palpables : les grandes villes de Chine sont engagées dans une frénésie de consommation, d'éducation et de loisirs sans précédent. Le moteur de la croissance tourne à plein régime, l'argent appelle l'argent. J'ai ainsi vu en 2003 ma première Rolls Royce conduite par un Chinois dans les rues de Pékin. Tout un symbole. Les touristes chinois qui débarquent désormais par centaines de milliers en Europe, alternant visite du Louvre et emplettes aux Galeries Lafayette, sont la partie la plus voyante de cette petite révolution qui change le visage de la planète.

La Chine traditionnelle vivait au ras du sol. Il faut aujourd'hui lever la tête pour observer les villes devenues verticales. Clinquantes et prospères, elles poussent sur ce qui fut le précieux patrimoine

1. Jean-Luc Domenach et Philippe Richer, *La Chine*, 2 tomes, Le Seuil, 1995.

architectural de Pékin, un enchevêtrement de rues et de maisons où les bulldozers taillent sans pitié de larges avenues. Le fait est que les Chinois vivent dans de meilleures conditions d'hygiène et de confort, et que l'enrichissement d'une partie de la population est patent, comme en témoignent les embouteillages monstrueux de Pékin. Le Programme alimentaire mondial des Nations unies (PAM) a d'ailleurs mis fin au programme d'assistance alimentaire à la Chine : il n'y a plus de famines de masse. Rappelons que celle des années 1950, largement imputable aux erreurs politiques de Mao, a fait entre trente et cinquante millions de morts[1]. Mieux, le PAM espère voir la Chine participer à son tour aux programmes d'aide alimentaire aux pays qui en ont encore besoin, notamment en Afrique subsaharienne.

Les statistiques sont parfois difficiles à interpréter, mais les économistes estiment entre cent et cent vingt millions le nombre de Chinois disposant désormais du pouvoir d'achat de la classe moyenne, et à environ dix millions le nombre de nouveaux riches. Ils sont plus nombreux encore si on prend comme critère la possession d'un téléphone portable : deux cent soixante millions fin 2003 ! Il est vrai que beaucoup sont prêts à se priver de l'essentiel pour posséder ce symbole de statut social moderne…

1. Jasper Becker, *La Grande Famine de Mao*, Dagorno, 1998.

Cela fait en tout cas beaucoup de monde, mais c'est encore peu pour un pays d'1,4 milliard d'habitants. Car, à l'autre bout de l'échelle sociale, cent cinquante à deux cents millions d'hommes et de femmes continuent à vivre avec moins de un dollar par jour, seuil absolu de pauvreté défini par la Banque mondiale. C'est mieux, malgré tout, qu'en Inde où, sur un milliard d'habitants, deux cent cinquante millions vivent en dessous du seuil de pauvreté. Mais si la Chine s'est attiré les félicitations du Programme des Nations unies pour le développement (Pnud) pour avoir sorti quelque cent cinquante millions de personnes de la misère en dix ans, il est clair qu'il sera difficile d'éradiquer totalement la pauvreté.

Pour le professeur Li Peilin, de l'Académie des sciences sociales de Pékin, ce dénuement affecte en réalité cent quarante millions de paysans et trente millions de citadins. Le gouvernement, lui, conteste ce chiffre et, en utilisant un seuil cinq fois inférieur à celui de l'ONU, estime qu'ils ne sont plus que vingt-huit millions à vivre dans le dénuement. Il s'est engagé à éliminer ces dernières poches de pauvreté avant 2010.

Fossé ou abyme ?
L'inégalité sociale chinoise

Le succès représenté par l'émergence de la classe moyenne cache mal un phénomène inquiétant : le fossé entre les différentes couches sociales qui s'est creusé durant les deux dernières décennies dans un pays toujours officiellement communiste. Selon une étude de Deborah Davis [1], professeur de sociologie à l'université de Yale, c'est entre 1988 et 1995 que se sont créées deux Chine, la prospère et la laissée-pour-compte. Un Chinois des villes gagnait, en 1990, 2,2 fois plus qu'un Chinois des campagnes ; en 1999, 2,6 fois plus, et un an plus tard 2,8 fois plus ! Et la tendance se poursuit inexorablement : en 2003, si l'économie a fait un bond de 9,1 %, le revenu rural n'a augmenté que de 4 %.

De surcroît, souligne le Pr Davis, « si on ajuste ces ratios au poids des taxes plus lourd dans les zones rurales, et aux subventions plus élevées données aux citadins dans les secteurs de l'éducation, de la santé et du logement, les revenus urbains sont plus de quatre fois plus élevés que les revenus ruraux moyens. Le résultat est que le fossé entre riches et pauvres est aussi grand en Chine qu'aux Philippines, quoique inférieur à celui du Brésil ». Un fossé qui, selon le coefficient Gini des écarts de richesse, fait entrer la Chine dans une zone d'instabilité.

En décembre 2003, *Le Quotidien du peuple*, organe central du Parti communiste, titrait sur « le grand problème de l'accroissement des écarts de revenus », mais il concluait, avec un certain

1. Cette étude peut être consultée sur le site de l'université de Yale : www.yaleglobal.yal.edu

fatalisme, que « la croissance des inégalités [était] inévitablement liée à la croissance économique ».

L'échelle sociale chinoise s'est ainsi enrichie, au fil des années, d'innombrables échelons qui n'existaient pas autrefois. Comme un pays « normal », dira-t-on ? Pas tout à fait. Le fossé est en effet abyssal entre les différents groupes sociaux, entre une famille de la classe moyenne émergente qui possède son logement et généralement sa voiture, bénéficie d'une couverture médicale, cotise à un fonds de retraite, a un portefeuille d'actions en Bourse et met de l'argent de côté pour pouvoir envoyer son enfant unique dans une bonne université à l'étranger, et une famille paysanne moyenne qui n'a toujours aucun accès à la santé, doit se battre pour payer les frais de scolarité de ses enfants, n'a aucune sécurité de revenus et, pour ses vieux jours, dépend toujours du travail d'un fils.

Des paysans qui de plus, comme le souligne l'économiste iconoclaste Hu Angang, constituent « le plus grand groupe de population au monde sans représentation politique ».

Inquiet, le pouvoir est devenu plus attentif aux soubresauts de la société provoqués par le fossé entre riches et pauvres, entre villes et campagnes. Lorsqu'au printemps 2003 un jeune migrant est retrouvé mort à Canton, tabassé par les gardes d'un dépôt pour vagabonds où il avait été tranféré après un banal contrôle d'identité, une enseignante courageuse, ses étudiants, quelques avocats et juristes ont mené campagne, sur Internet, et ont obtenu, à la surprise générale, que la loi sur les gardes à vue soit changée.

Une même coalition hétéroclite sensibilisée à la question paysanne a, peu de temps après, pris la défense d'un entrepreneur peu banal, philantrope et admirateur du socialisme utopique de Charles Fourier, qui avait été emprisonné pour avoir monté son propre système d'épargne avec les paysans de sa région.

La troisième affaire qui a réveillé une partie de la société chinoise est encore plus symbolique de la nouvelle réalité sociale. La scène, reconstituée par un journal chinois, est digne des temps féodaux. Un couple de paysans, conduisant un tracteur chargé d'oignons, érafle en passant le rétroviseur d'une BMW blanche mal garée sur une route du nord-est de la Chine. La conductrice de la voiture, furieuse, gifle les deux paysans en déclarant : « Vous savez combien coûte ce rétroviseur ? Vous ne pourriez même pas me le rembourser. » Elle remonte dans sa voiture et fonce dans la foule, tuant la paysanne et blessant plusieurs autres personnes.

C'est le verdict de cet incident, prononcé fin décembre 2003 par un tribunal de Harbin, dans le nord-est du pays, qui a mis le feu aux poudres : deux ans de prison avec sursis pour la conductrice. Aucun témoin cité lors du procès, et pas de référence à l'altercation qui a précédé. À la suite de ce verdict clément, les protestations ont afflué sur Internet, et la « femme à la BMW » est devenue le symbole de ces nouveaux riches chinois qui se pensent au-dessus des lois. Suffisamment, en tout cas, pour faire bouger le gouvernement qui, en janvier 2004, a rouvert l'enquête, révisé le jugement, et même lancé une investigation spéciale pour vérifier s'il n'y a pas eu corruption de la justice.

La presse officielle a pris le relais. *Le Quotidien de la jeunesse de Pékin*, dans son éditorial, dresse même une liste de requêtes quasi révolutionnaires : « contrôle du pouvoir », « transparence dans l'application de la loi », « retour à l'autorité à la loi » et, surtout, « réduction de l'écart entre riches et pauvres ».

C'est la montée en puissance des nouveaux riches qui est ici dénoncée. Le mari de la conductrice est l'homme le plus riche du Heilongjiang. Au prix de la voiture (800 000 yuans), il faut ajouter les 50 000 yuans qui lui ont permis d'obtenir, lors d'une vente aux enchères, une plaque d'immatriculation comprenant quatre « 6 », un porte-bonheur. Ces 50 000 yuans représentent plusieurs années de revenu pour le paysan écrasé par sa femme. Laquelle a reconnu qu'elle avait acheté son permis de conduire.

De fait, les paysans ont toujours été les grands oubliés de la Chine. C'était le cas à l'époque impériale, lorsque le féodalisme régnait en maître et que les campagnes étaient d'immenses zones de misère. Un journaliste français en voyage au Sichuan à la fin du XIXe siècle pouvait décrire « des bandes d'affamés, les cheveux en broussaille, la face terreuse, [qui] rôdent par les chemins[1] ». La fin de l'empire en 1911 n'y changea rien, et les structures féodales ont continué à réduire les paysans en serfs. La République, corrompue et impuissante, ne s'attaque pas davantage à la misère paysanne : on se souvient que le grand-père de Ma Yan a été vendu à un riche propriétaire terrien du Ningxia, dans les années 1930, en échange de quelques sacs de nourriture...

Cette marginalisation du monde rural a frappé Mao Zedong, alors jeune cadre communiste dans les années 1920. Le futur Grand Timonier de la Chine populaire a eu l'intuition du « potentiel révolutionnaire des paysans », selon la formule de l'un de ses biographes. « Dans peu de temps, des centaines de millions de paysans des provinces du Centre, du Sud et du Nord se dresseront comme un vent farouche ou une tempête, une force si rapide et violente qu'aucun pouvoir, si fort soit-il, ne pourra s'y opposer », écrivait-il en 1927, après avoir effectué une enquête édifiante dans le monde rural. Mao s'est appuyé sur ces paysans, d'abord pour conquérir le pouvoir au sein du Parti communiste chinois, puis pour l'emporter sur ses rivaux du Guomindang en 1949. « Celui qui gagnera les paysans à sa cause l'emportera en Chine », confiait-il au journaliste américain Edgar Snow

1. Marcel Monnier, *Le voyage en Chine*, Robert Laffont, 1992, p. 1271. Marcel Monnier a été l'envoyé spécial en Chine du journal *Le Temps*.

dans sa « base rouge » de Yanan, sur cette « terre jaune » du nord-ouest de la Chine.

Mao a promis émancipation et justice sociale aux paysans, et ils l'ont suivi. Ils n'ont eu droit qu'à une collectivisation à marche forcée, à une famine terrifiante et meurtrière lors du « Grand bond en avant », qui vit chaque village fabriquer de l'acier au lieu de planter, et à un impitoyable embrigadement politique. Le réalisateur Zhang Yimou, avant de devenir le cinéaste quasi officiel qu'il est aujourd'hui, a fait, dans sa saga *Vivre*, en 1994, le récit d'une vie paysanne chinoise au XXe siècle : manipulée, utilisée, exploitée, et jamais maîtresse de son destin.

L'âge d'or de la paysannerie chinoise est arrivé paradoxalement à la mort de Mao, en 1976 : décollectivisation des terres, accroissement des prix d'achat des produits agricoles, contrôle politique moins sévère. Mais il n'a pas duré longtemps. Dès le milieu des années 1980, la priorité était rendue aux villes et à l'industrie, et les paysans relégués au second plan. Rien d'étonnant si les plus déshérités des Chinois d'aujourd'hui se souviennent avec nostalgie de l'égalitarisme forcené d'hier.

Un Chinois dans l'espace, neuf cents millions dans la pauvreté

Entre les deux Chine, qu'y a-t-il de commun aujourd'hui ? La Chine n'a-t-elle pas perdu le sens des réalités lorsqu'elle engloutit des fortunes dans le train à sustentation magnétique de Shanghai ou l'envoi d'un homme dans l'espace ? Alors que neuf cents millions de paysans manquent encore de tout.

Au détriment de la classe ouvrière et des paysans, héros des temps révolutionnaires, la classe moyenne est aujourd'hui l'objet de toutes les attentions d'un pouvoir convaincu qu'elle porte le progrès et la modernité et qu'elle garantit la sacro-sainte « stabilité sociale ». C'est le nouveau contrat social : la possibilité de jouir des bénéfices de la prospérité et d'une liberté individuelle sans précédent, à condition de ne pas contester le pouvoir absolu du Parti communiste.

La « théorie des trois représentativités » de l'ancien président Jiang Zemin a été inscrite au programme du Parti communiste lors de son XVIe Congrès, en novembre 2002, et devait être coulée dans le bronze de la Constitution chinoise au printemps 2004. Le Parti, a décrété Jiang, doit être représentatif des forces sociales, culturelles et économiques « les plus avancées ». Une doctrine qui a permis d'ouvrir le Parti communiste aux représentants du secteur privé, de coopter ces « capitalistes » autrefois honnis et combattus, mais qui sont aujourd'hui le moteur le plus dynamique et le plus créateur d'emplois d'une économie encore largement contrôlée par l'État.

Un tournant que le Parti a eu du mal à expliquer à l'opinion sans se déjuger. Ainsi, en marge du congrès de novembre 2002, l'émission de télévision *Dialogue* réunissait quatre hommes d'affaires membres du Parti (ils avaient adhéré au PCC avant de devenir patrons !) et plusieurs étudiants. Un jeune homme a rappelé que Marx avait parlé de « supprimer la propriété privée », alors que la Chine suivait le chemin inverse. Réponse de Feng Lun, un promoteur immobilier : « Marx n'a pas dit combien de temps il fallait pour la supprimer, ni par quels moyens. La grandeur et l'intelligence de notre Parti communiste est d'avoir étudié la réalité chinoise. La suppression du système privé est l'objectif, mais dans la période primitive dans laquelle nous sommes, elle doit pouvoir exister. Elle sera supprimée quand la richesse sera abondante. » Le même promoteur prétendait par ailleurs que « diriger une société cotée en Bourse n'est pas très différent des grands principes du Parti : il faut se sacrifier, tout donner, ne rien garder pour soi. »

On peut également lire, dans la presse du Parti, des plaidoyers surprenants en faveur des riches. Pour preuve, un article du mensuel *Dadi*, publié par *Le Quotidien du peuple*, l'organe central du Parti communiste : « Être riche n'est pas mal. Le fond du problème est de savoir par quel moyen un individu a acquis sa fortune. Les individus devraient être encouragés à accumuler leur fortune de manière légale et décente. Autrement, le pays ne créera pas un climat accueillant pour la richesse, ce qui découragera les gens qui cherchent à s'enrichir. En fait, la richesse des gens riches n'a rien à voir avec la pauvreté des autres. Les riches et les pauvres ne sont pas voués à être dans deux camps hostiles l'un envers l'autre. Ce qui ne signifie pas, bien sûr, que le gouvernement ne doive pas faire des ajustements de politique afin de parvenir à une meilleure répartition de la richesse. »

De Marx à Mao, ils ont dû être nombreux à se retourner dans leur tombe !

Le grand écart idéologique

Ce grand écart idéologique rend la réalité chinoise difficile à appréhender. Voilà un pays qui, du communisme, n'a finalement gardé que la structure politique quadrillant le pays, un inquiétant appareil policier aux relents staliniens et la phraséologie pompeuse du marxisme-léninisme. En guise d'adieu, à l'heure de la retraite, l'ancien numéro un, Jiang Zemin, a exhorté les Chinois à ne « jamais copier les modèles politiques occidentaux » : l'autoritarisme plus ou moins éclairé reste le dogme. La démocratisation n'est toujours pas à l'ordre du jour. L'appartenance au PCC est désormais considérée comme un tremplin de carrière plus que comme un engagement politique. D'où un véritable engouement chez les étudiants… Lorsque j'ai demandé à une jeune femme, membre du PCC depuis la faculté, mais sac Armani en bandoulière, si elle avait le sentiment de participer aux choix politiques à l'intérieur du Parti, elle m'a regardé comme si j'avais posé une question incongrue. Sa réponse a été honnête mais déconcertante :

« Je n'y avais pas pensé... »

Pour le reste, la Chine a développé une économie mixte laissant une place importante à l'entreprise privée et aux capitaux étrangers. Ceux-ci affluent par milliards de dollars dans un pays progressivement devenu l'« usine du monde ». L'État reste un acteur majeur de l'économie, animé par un volontarisme plus « gaullien » que communiste. Le gouvernement est obsédé par la nécessité de faire émerger des « champions nationaux » à l'échelle mondiale et reste maître du secteur bancaire, de l'assurance, de l'énergie, du transport aérien, des télécoms, de l'industrie lourde...

Socialement, la Chine est devenue ultralibérale : les inégalités sociales y sont donc, on l'a vu, parmi les plus fortes du monde, et le désengagement de l'État va au-delà de ce que prônaient Margaret Thatcher ou Ronald Reagan dans les années 1980... Le modèle suivi est systématiquement celui des États-Unis : un chef de département de sociologie d'une université de Pékin très « orthodoxe », qui cite à tout bout de champ les États-Unis pour justifier les choix du gouvernement, a éclaté de rire lorsque je lui ai rétorqué qu'il n'y avait pas qu'un seul modèle sur terre. « Vous, les Européens, vous êtes les seuls vrais socialistes ! »

Le modèle a assurément fait ses preuves si l'on s'en tient au taux de croissance, au flux d'investissements ou à la vitrine que représentent les villes, mais quel est le prix à payer pour obtenir ce résultat ? Ce prix ne se compte pas en dollars ou en yuans, mais en termes humains, et il est élevé : pour que cent millions de Chinois vivent dès aujourd'hui leur « rêve américain », des centaines de millions d'autres sont sacrifiés ou sont les modestes servants d'une machine de guerre économique redoutable. Si dans vingt ans le pari des dirigeants actuels est gagné, sans doute oubliera-t-on les sacrificies du peuple chinois, comme nous le faisait remarquer un jour l'universitaire Jean-Luc Domenach lors d'un débat public à Pékin. En attendant, le miracle chinois se paye en sueur, en sang et en larmes.

Ainsi, la Chine, « usine du monde », devient-elle le pays du moins-disant social, vainqueur absolu de ce que la chercheuse australienne Anita Chan, spécialiste du monde du travail, appelle la « course vers le bas ». Des usines à capitaux américains ferment au Mexique pour rouvrir en Chine. Une entreprise de Hong Kong, qui sous-traite de grandes marques de vêtements occidentales, va transférer vingt mille emplois, actuellement en place dans des pays en développement, vers la Chine à partir de 2005. La mondialisation, embrassée avec enthousiasme par la Chine, vire, dans ce cas, au cauchemar social.

Les mingong, *fers de lance de la compétitivité chinoise*

À l'avant-garde de la machine de croissance chinoise figurent les *mingong*, littéralement « ouvriers du peuple » – entre cent vingt et cent cinquante millions d'hommes et de femmes qui ont abandonné leurs terres pour travailler dans les zones industrielles, dans les mines ou sur les puits de pétrole. Ces migrants de l'intérieur sont le fer de lance de la compétitivité chinoise. Pour preuve, la réponse de la presse pékinoise à la mise en garde très officielle des États-Unis, inquiets de la faiblesse du yen – qui donne un avantage compétitif aux produits chinois : la principale force de la Chine, ce sont ses faibles coûts salariaux, ont répliqué très sérieusement les journalistes. Voici sans doute le premier pays communiste à se vanter de mal payer ses ouvriers !

Ces mingong, on les voit partout, ou plutôt on ne les voit pas… Ils construisent les immeubles des villes, fabriquent, dans les usines du delta de la Rivière des Perles, au sud du pays, tout ce que l'Occident, et désormais les Chinois aisés, consomment. Les citadins les ignorent ou les méprisent. Ils n'ont pas d'existence légale, et encore moins droit à la parole. Le gouvernement a même dû lancer une grande campagne pour forcer leurs employeurs à les payer. En l'absence du fameux *hukou*, le certificat de résidence urbain qui rappelle le *pass* des Noirs à l'époque de l'apartheid, ils n'ont aucun recours. À Shenzhen, nous avons rencontré trois de ces jeunes migrants, attablés devant un plat de nouilles sautées, les yeux rivés sur le téléviseur qui diffusait une de ces séries historiques dont raffolent les Chinois – l'heure de la pause-déjeuner dans cette usine qui fabrique des claviers d'ordinateur, à la périphérie de la « zone économique spéciale » créée de toutes pièces il y a vingt ans par Deng Xiaoping. Peu après, ces jeunes, âgés de vingt et vingt et un ans, tous trois fils de paysans et originaires de l'île de Hainan, en mer de Chine méridionale, devaient aller faire la sieste avant de reprendre le travail à dix-sept heures, jusqu'à vingt-trois heures. Ils avaient déjà travaillé cinq heures dans la matinée. Ici, ce ne sont pas les 3 × 8 mais les 2 × 10 h 30... Un rythme suivi sept jours sur sept, sauf les jours fériés. Ils bénéficient tout de même de trois semaines de vacances, au moment du Nouvel An chinois, pour rentrer dans leur famille. « Nous pouvons prendre deux ou trois jours si nous voulons, mais nous ne serons pas payés », précise l'un d'eux. Les lois sociales, car il y en a – même si personne ne les respecte –, prévoient huit heures de travail par jour, pas plus de trente-six heures supplémentaires par mois, et un jour de repos hebdomadaire garanti.

Leur salaire ? Pour cette semaine de soixante-treize heures, plus de deux fois la durée légale du temps de travail en France, ils toucheront entre 600 et 900 yuans par mois, selon leur productivité. Le salaire est composé d'un fixe minimal, dont ils ignorent le montant, et de primes liées au nombre de pièces produites. Ils vivent dans des dortoirs de douze lits, installés au sein de l'usine. Ils doivent payer l'eau et l'électricité qu'ils consomment…

On ne trouvera pas chez ces jeunes le moindre sentiment d'injustice ou de révolte. Même lorsqu'ils font remarquer, d'un air timide, que leurs dortoirs ne sont « pas très bien » ou que leur salaire « n'est pas très élevé »… Ils ne se plaignent pas, et l'idée de revendiquer de meilleures conditions de travail et de vie ne les a visiblement pas effleurés. « Nous n'avons jamais vu le patron », dit l'un d'eux, comme pour s'excuser.

Nous avons aussi rencontré un journaliste local qui, à trente-neuf ans, est le symbole de la réussite de cette ville. Il possède son appartement, son 4 × 4, part en vacances au Tibet avec ses amis et trouve, généralement, que tout va bien en Chine. Lorsqu'il roule entre les tours spectaculaires de cette ville-champignon de six ou sept millions d'habitants, qui fait actuellement de grands efforts d'embellissement, il ne peut pas s'empêcher de constater à quel point il est fier d'y vivre… Ce jeune homme nous a expliqué le plus sérieusement du monde que « les mingongs [étaient] un atout pour Shenzhen, car ils travaill[ai]ent dur pour un salaire très bas, et [qu']ils [étaient] volontaires pour être exploités ».

La Chine n'accepte pas de syndicats indépendants, le syndicat officiel n'étant que la courroie de transmission du Parti communiste. Lorsqu'elle a signé le Pacte économique et social des Nations unies, un geste salué en Occident comme une avancée sur la voie des droits de l'homme, la Chine a émis une « réserve » sur la clause de liberté syndicale. Instruite par le précédent de Lech Walesa en Pologne, elle ne tolère pas la moindre velléité d'organisation autonome des ouvriers. Un homme comme Yao Fuxin, organisateur de manifestations de chômeurs dans une ville industrielle du nord-est de la Chine en 2002, paye cher pour avoir défié cette règle : il a été condamné à sept ans de prison pour « subversion » à l'issue d'un procès expédié en trois heures, et il croupit dans une prison en Mongolie-Intérieure. Lorsque j'ai voulu assister à son procès, en janvier 2003, j'ai été arrêté et remis dans l'avion pour Pékin en dix minutes.

Selon toutes les prévisions, quelque deux cents millions de ruraux s'installeront dans les villes chinoises au cours des deux prochaines décennies. Certains économistes, comme Hu Angang, vont jusqu'à prédire que la moitié des paysans, soit quatre cents à cinq cents millions, s'embarqueront dans un exode qui serait alors d'une ampleur sans précédent dans l'histoire. Des centaines de millions d'hommes et de femmes auxquels il faudra construire des logements, trouver du travail… Et empêcher de perturber la « stabilité sociale » dont l'ancien numéro un chinois Jiang Zemin a répété, en guise d'adieu au pouvoir en novembre 2002, qu'elle « prime tout ».

Lors du XVIe Congrès du PCC, Jiang a fixé un objectif ambitieux à la Chine : multiplier par quatre le produit intérieur brut chinois au cours des deux décennies suivantes et « réaliser la modernisation vers le milieu de ce siècle », pour atteindre la société de *xiaokang* (« petite aisance »), devenue le nouvel idéal du Parti. La « cote de popularité [du Parti], et le succès ou le déclin de sa cause dépendront directement de sa capacité à résoudre le problème du développement économique ».

Le Premier ministre sortant a pour sa part laissé un message alarmiste, fustigeant sa propre administration où règnent « le mépris des masses, le formalisme, la bureaucratie, la fraude, le goût du luxe, le gaspillage et la corruption ».

Depuis, les dirigeants ont pris des accents populistes pour se donner des « habits neufs » sociaux et la presse officielle a changé de ton. On peut y lire de longues analyses sur la nécessité de « parvenir à un équilibre entre croissance économique et développement social ». Est évoquée la possibilité de créer un « PNB vert », afin de quantifier les progrès du pays en d'autres termes que la seule croissance économique : le « développement durable » est passé par là... Ajoutons qu'Internet permet aujourd'hui l'émergence d'une opinion publique toujours privée du droit de manifester ou de s'exprimer publiquement. Sina.com ou Sohu.com, les deux principaux sites du pays, servent de relais à une certaine *vox populi*.

Qu'apportera tout cela aux enfants du Ningxia ? Les réformes, si elles ont bien lieu, mettront des années, sinon des décennies, avant de changer leur vie. Et elles resteront incomplètes tant que le pouvoir ne voudra pas s'attaquer au tabou de la réforme politique. En attendant, ils ne peuvent compter que sur leurs propres forces, et sur l'aide de ceux que le hasard a mis sur leur chemin, à la faveur de la découverte des trois petits carnets bruns de Ma Yan. Depuis deux ans, dans cette région déshéritée, nous essayons modestement de permettre à quelques-un de ces enfants oubliés d'avoir leur chance dans cette jungle sociale chinoise. Cela ne changera pas la Chine, mais pour Ma Xiaomei, Ma E, Li Xiaoyan et les autres, cela fait la différence entre la vie et la mort.

Table des matières

Composition : Facompo
Impression : Dumas-Titoulet Imprimeurs
Dépôt légal : mars 2004
N° d'impression : 40315
Imprimé en France